Naturgeschichte der Wirbeltiere

Ulrich Kattmann

1 Grundzüge der Naturgeschichte

2 Vom Wasser ans Land – und zurück

3 Stammesgeschichtliche Verwandtschaft

4 Evolution des Menschen

Grundzüge der Naturgeschichte

1

Ist Evolution (nur) eine Theorie?

Sind manche Lebewesen höher entwickelt als andere?

Passen sich Lebewesen an die Umwelt an?

Gab es die heute lebenden Tierarten schon immer?

Stammen die Angehörigen einer Art von einem ersten Paar ab?

Was hat Fortpflanzung mit Evolution zu tun?

Können wir von Tieren, die früher gelebt haben, etwas Zuverlässiges wissen?

Evolution ist Geschichte der Natur.

Als der Planet Erde entstand, war er heiß und rotglühend. Erst als er vor etwa 3,8 Milliarden Jahren stark abgekühlt war, konnten dort die ersten Lebewesen entstehen.
Vor etwa 550 Millionen Jahren entstanden die ersten mehrzelligen Tiere, unter ihnen später die ersten Wirbeltiere.

Woher wissen wir etwas von der Geschichte der Wirbeltiere?

Die Gesteine der Kontinente erzählen mit ihren Erdschichten buchstäblich eine Geschichte: die Geschichte der Erde und ihrer Lebewesen. Um Geschichte zu erfassen, braucht man Dokumente (Abb. 1, Abb. 2). Für die Naturgeschichte sind dies materiale Dokumente. Bereits der Naturforscher Georges Buffon (1707–1788) hat die Methode zur Erforschung der Naturgeschichte gültig formuliert:
„In der Gesellschaftsgeschichte entziffern wir alte Inschriften. Ganz ähnlich ist es auch in der Naturgeschichte notwendig, die Archive der Welt auszugraben, alte Denkmäler aus dem Innern der Erde zu ziehen, ihre Trümmer einzusammeln und alle Anzeichen körperlicher Veränderungen, mit deren Hilfe wir in die verschiedenen Zeitalter der Natur zurückwandern können, zu einem einzigen Beweisgebäude zusammenzufügen.“

1: Versteinerte Spuren von zwei Frühmenschen. Dieses Dokument der Erdgeschichte zeigt, dass die Frühmenschen vor mehr als 3 Millionen Jahren schon ähnlich wie wir aufrecht gingen.

„Dokument-Blätter“ aus dem Archiv der Erde sind Fossilien, z. B. die Steinplatte mit dem Abdruck eines Fischsauriers (Abb. 2). Diesem Dokument der Naturgeschichte kann man entnehmen, dass Fischsaurier Junge gebaren, und zwar mit dem Schwanz voran. Ganz ähnlich werden heute Waljunge mit dem Schwanz voran geboren (Abb. 2, rechts), sodass sie sofort an die Wasseroberfläche schwimmen und Luft schnappen können. Die Geburt der Jungen zeigt also, dass die Vorfahren der Fischsaurier Landtiere waren, die – wie auch

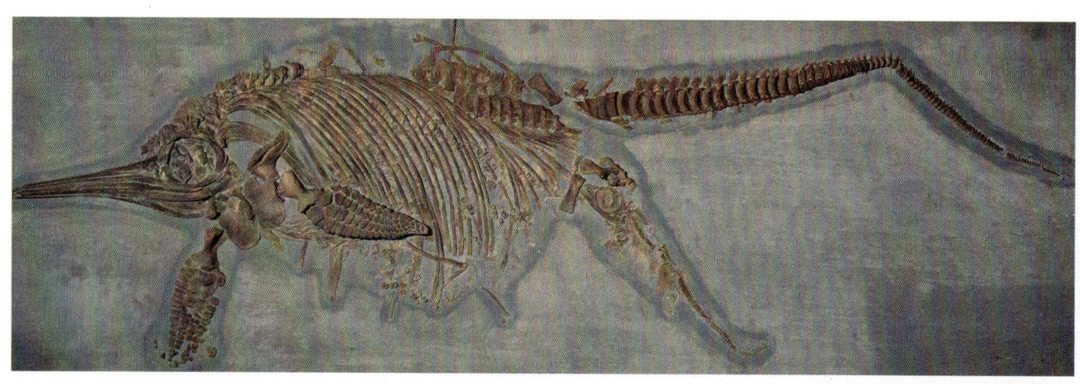

2: Das ca. 180 Millionen Jahre alte Fossil eines Fischsauriers zeigt nicht nur das Skelett, sondern sagt auch etwas zur Lebensweise dieser Meerestiere.

viel später die Vorfahren der Wale (→ S. 42 f.) – das Wasser der Meere besiedelt haben.

Besteht Evolution nur im Aussterben?

Forschende erkannten schon früh, dass die als Fossilien gefundenen Lebewesen nicht mit heute lebenden übereinstimmen. Man war jedoch davon überzeugt, dass die heutigen Arten schon immer auf der Erde gelebt haben und man nahm daher an, dass Katastrophen die fossilen Arten vernichtet haben. Die heutigen (rezenten) Arten sind danach nur jene, die die Katastrophen überlebt haben. Es gab tatsächlich große erdgeschichtliche Katastrophen, in der die Vielzahl der Arten ausstarb. Anschließend haben sich die überlebenden Arten jedoch zu neuer Vielfalt entfaltet (→ S. 19). Vielmehr als nur im Aussterben von Arten, besteht Evolution in der Entstehung von neuen Arten.

Welche Bedeutung haben Theorien?

Theorien sind das Beste, was Naturwissenschaften entwickeln, denn nur mit ihnen werden Erscheinungen naturwissenschaftlich erklärt. Die Evolutionstheorie ist die naturwissenschaftliche Theorie, die die Ursachen und den Ablauf der Evolution und damit auch die Verwandtschaft der Lebewesen erklärt. Evolution ist mit elementaren Prozessen der Lebewesen, wie Fortpflanzung und Umweltbeziehungen, verbunden (→ S. 6, 8). Einmalige Ereignisse, wie Katastrophen, sind in der Evolution häufig, beispielsweise auch der Beginn von *Symbiosen* und das Eintreffen einer neuen Art in einem Lebensraum (Koexistenz und Koevolution, → S. 16 f.).

In diesem Band geht es darum, wie die Evolution der Wirbeltiere abgelaufen ist. Ihre Geschichte zeigt die Abwandlungen der Lebensformen in den Lebensräumen Land und Wasser (→ S. 24). Der Zusammenhang von Abstammung und Verwandtschaft wird anhand der Abstammung der Wirbeltiergruppen erklärt (→ S. 34 ff.). Das schließt die Abstammung des Menschen und seine Rolle in der Natur ein. So erfahren wir mit der Geschichte der Wirbeltiere auch etwas über unsere Vergangenheit und unsere mögliche Zukunft (→ S. 48 ff.).

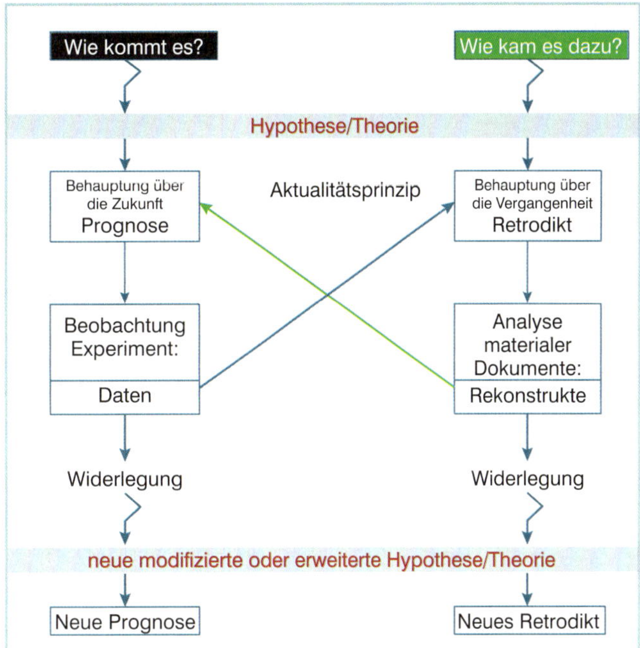

3: Naturwissenschaftliche Fragen und Theorien in der Biologie; gerade Pfeile: Folgerung (Deduktion), geknickte Pfeile: Einfälle (Intuition)

ANSICHTEN UND EINSICHTEN

Tatsachen und Theorien

Manchmal hört man, Evolution sei „nur" eine Theorie. Andere behaupten, Evolution sei eine „Tatsache". Stellt man diese Aussagen gegenüber, wird man weder einer naturwissenschaftlichen Theorie noch einer Tatsachenbehauptung gerecht: Theorien beruhen auf Hypothesen. Hypothesen sind wissenschaftlich begründete Vermutungen. Wissenschaftliche Hypothesen können grundsätzlich widerlegt werden. Die Evolutionstheorie setzt die Evolution als Tatsache voraus, sie erklärt ihre Prozesse und Ergebnisse. Wie alle naturwissenschaftlichen Theorien, bleibt auch die der Evolutionstheorie dabei immer hypothetisch (Abb. 3). Die aus ihren Hypothesen abgeleiteten Aussagen betreffen aber nicht die Zukunft (Prognosen, Abb. 3 links), sondern die Vergangenheit: Man nennt das Retrodikte.
Die Annahme der Evolution ist dabei nicht rein spekulativ. Durch Dokumente und Rekonstrukte werden Hypothesen bestätigt oder widerlegt (Abb. 3 rechts). Auch evolutionäre Hypothesen und daraus gefolgerte Retrodikte können experimentell überprüft werden. Zum Beispiel kann die Bissstärke, die ein Dinosaurier mit seinen Kiefermuskeln und Kieferknochen ausüben konnte, durch Experimente mit dem fossilen Schädel ermittelt werden. Voraussetzung dafür ist, dass die Regelmäßigkeiten und Gesetze (nicht die historischen Umstände oder Bedingungen) in der Vergangenheit dieselben waren wie heute (Aktualitätsprinzip, Abb. 3: diagonale Pfeile). Experimente an heutigen Organismen können daher ebenfalls zur Prüfung evolutionärer Hypothesen beitragen.

Evolution erfolgt durch die Fortpflanzung.

Dass Arten stark abgewandelt werden können, konnte man sich lange Zeit nicht vorstellen. Man nahm an, dass die Angehörigen einer Art sich nur geringfügig voneinander unterscheiden. Man glaubte lange, dass sie im Wesentlichen dieselben Eigenschaften haben: Kannte man ein Individuum, so kannte man damit schon die ganze Art.

Unterschiede und Veränderung

So wie sich jeder Mensch vom anderen in vielen Merkmalen unterscheidet, so unterscheiden sich auch die Individuen von Tieren und Pflanzen derselben Art voneinander. Man kennt also eine Art erst richtig, wenn man auch die unterschiedlichen Individuen, die Varianten, kennt, die bei einer Art vorkommen. Das Vorkommen der Varianten und ihre Häufigkeit heißt Variation. Gruppen von Individuen einer Art, die sich miteinander fortpflanzen, nennt man Populationen. Die Varianten innerhalb einer Population können sich unterschiedlich häufig fortpflanzen. Wenn bestimmte Varianten, also Individuen mit bestimmten Eigenschaften, einen größeren Fortpflanzungserfolg haben als andere, dann verändert sich dadurch die Häufigkeit der Varianten in der nächsten Generation: Die Art ist verändert. Die Variation, also Unterschiede der Individuen in Populationen, ermöglicht Evolution. Der Prozess, der zur Vermehrung der Individuen mit vorteilhaften Merkmalen führt, heißt *Selektion*. Die Selektion – und damit die Evolution – hängt also von der Fortpflanzung der Individuen ab.

1: Sind Säugetiere so entstanden?

Entstehung der Säugetiere

In Abbildung 1 bekommt ein Reptilien- oder Saurierpaar ein Junges, das behauptet, ein Säugetier zu sein. In Lehrbüchern steht tatsächlich, dass Säugetiere von Reptilien abstammen. Die Vorstellung, dass ein Paar einen Nachkommen zeugt, der zu einer anderen Gruppe gehört, enthält etwas Richtiges und etwas Falsches:

- Richtig ist, dass stammesgeschichtlich verwandte Lebewesen gemeinsame Vorfahren haben (→ S. 34). Verwandtschaft kennen wir aus dem täglichen Leben als Abstammung von einem Elternpaar. Bei Arten ist der gemeinsame Vorfahr jedoch nicht ein Paar, sondern eine Population.
- Die Abstammung einzig von einem Paar trifft also nicht zu: In einer Population bekommt nicht ein Paar plötzlich ein abweichendes Junges. Vielmehr können sich in einer Population von Sauriern die Varianten, die einem Säugetier etwas ähnlicher sind, stärker fortpflanzen als andere, weil diese Varianten z. B. bereits Haare haben, die sie vor dem Auskühlen schützen. Und so kann es schrittweise von Generation zu Generation weitergehen, bis eine Population von Sauriern entsteht, die zu Säugetieren geworden sind.

Vorfahr von Spitzmaus und Eidechse

Die Spitzmaus ist ein kleines Säugetier. Sie jagt Insekten bei Nacht, hat ein Fell und ist gleichwarm. Die Eidechse ist ein Schuppenkriechtier. Sie jagt Insekten bei Tag und ist wechselwarm.

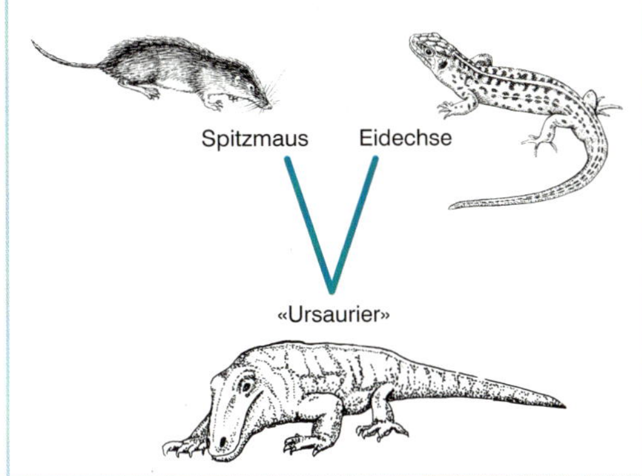

2: Gabeldiagramm zum letzten gemeinsamen Vorfahren von Eidechse und Spitzmaus

Als *Wirbeltiere* sind Spitzmaus und Eidechse entfernt miteinander verwandt. Das bedeutet: Sie haben einen gemeinsamen Vorfahren. Der Vorfahr ist kein Paar, sondern eine Population. Der Vorfahr zweier Gruppen, von dem nur diese beiden Gruppen abstammen, ist ihr letzter gemeinsamer Vorfahr. Von dem letzten gemeinsamen Vorfahren von Spitzmaus und Eidechse kann man sich ein ungefähres Bild machen. Es ist einleuchtend, dass er wahrscheinlich ein kleiner, insektenfressender Saurier war. Die Angehörigen der Population waren wahrscheinlich wechselwarm und jagten Insekten am Tag. Sie hatten jedoch kein Fell, sondern eine Hornhaut.

Das Gabeldiagramm (Abb. 2) zeigt, dass sich aus dieser Population über viele Stationen sowohl die Eidechse wie auch die Spitzmaus entwickelt haben. Die Eigenschaften der Spitzmaus sind stärker abgewandelt als die der Eidechse: Fell und gleichwarmer Körper. Die beiden Eigenschaften hängen zusammen. Das Fell hält die Körperwärme und ermöglicht der Spitzmaus, nachtaktiv zu sein. Hinzu kommt ein feines Gehör. Das Ohr aller Säugetiere hat drei Gehörknöchelchen, die feines Hören ermöglichen. Diese Eigenschaften waren für den Insektenfang bei Nacht von Vorteil. Individuen, die diese Eigenschaften in besonderem Maße besaßen, konnten ihre Jungen besser mit Futter versorgen und hatten daher einen größeren Fortpflanzungserfolg.

Man beachte: Die Eigenschaften des letzten gemeinsamen Vorfahren liegen nicht genau zwischen denen von Eidechse und Spitzmaus. Der letzte gemeinsame Vorfahr ist also nicht einfach eine Zwischen- oder Übergangsform der beiden.

ANSICHTEN UND EINSICHTEN

Individuen und Arten

Nach früherer Auffassung wird eine Art dadurch definiert, dass ihre Angehörigen in wesentlichen Merkmalen übereinstimmen (morphologischer Artbegriff).

Neuere Definitionen von Arten orientieren sich nicht an Merkmalen, sondern daran, wie sich die Individuen zueinander verhalten. Wenn sie sich sexuell fortpflanzen und sich unter natürlichen Verhältnissen regelmäßig miteinander paaren, so gehören sie zur selben Art (biologischer Artbegriff).

Die Bedingung „unter natürlichen Verhältnissen" schließt Individuen aus, die sich im Gatter oder Gehege miteinander fortpflanzen, d. h. wenn sie keine andere Wahl haben. Auf diese Weise können Angehörige verschiedener Arten miteinander gekreuzt werden. Häufig sind deren Nachkommen untereinander sogar wieder fruchtbar.

Für die Zugehörigkeit zu einer Art gilt jedoch: *„Was sich in freier Wahl verpaart, das zählt man klar zu einer Art."*

Selten kommen allerdings Kreuzungen zwischen Angehörigen verschiedener Arten auch in der Natur vor. Das Wort „regelmäßig" in der oben stehenden Definition des biologischen Artbegriffs heißt daher, dass seltene Kreuzungen nicht bedeuten, dass die Partner zur selben Art gerechnet werden müssen. Die biologische Artdefinition bezieht sich nicht auf die Kreuzbarkeit von Individuen, sondern auf Populationen:

Arten sind Populationen, die gegen andere Populationen fortpflanzungsmäßig (weitestgehend) isoliert sind.

Die Unterscheidung von Individuen und Arten ist wesentlich: Die Populationen der Arten können in der Evolution abgewandelt werden, Individuen nicht. Man sollte sich die Art also nicht wie ein einziges Individuum vorstellen. Die Individuen derselben Art werden nicht gleichzeitig und nicht gleichartig abgewandelt. Die Angehörigen einer Art unterscheiden sich und variieren unabhängig voneinander.

AUFGABEN

1. **Erläutere mithilfe von Abbildung 2 das Fachwort „letzter gemeinsamer Vorfahr".**
2. **Erläutere den Grund dafür, dass der morphologische Artbegriff aufgrund der Evolution der Arten unzureichend ist.**
3. **Erkläre, wie sich aus einem wechselwarmen Tier (z. B. kleiner Saurier) ein gleichwarmes Tier (z. B. Spitzmaus) entwickeln kann.**

https://www.fr-v.de/522002-k1-s7/

Lebewesen und Umwelt beeinflussen sich gegenseitig.

Umwelt und Umgebung eines Lebewesens sind zu unterscheiden. Umgebung ist alles, was das Lebewesen umgibt, also in seiner Nähe zu finden ist. Umwelt ist dagegen nur das, was für das Leben des Lebewesens bedeutsam ist. Umwelt setzt sich aus denjenigen Bedingungen der Umgebung zusammen, die die Lebensprozesse einer Art beeinflussen (z. B. Klima, Nahrungsangebot, Fressfeinde und Konkurrenten).

Anpassung an die Lebensbedingungen

Unter Angepasstheit versteht man die Eigenschaften einer Art, die in ihrer Umwelt von Vorteil sind. Anpassung heißt der Prozess, der zur Angepasstheit führt. Das Fachwort heißt Adaptation.

Ein Lehrbuchbeispiel ist die Angepasstheit der Spechte an das Leben mit Baumstämmen: Hier suchen sie Nahrung und zimmern eine Bruthöhle (Abb. 1). Wenn man sagt, dass der Specht an seine Umwelt angepasst ist, verbirgt sich dahinter meist die Vorstellung, dass die Umwelt die Anpassung bewirkt hat. Gegen diese Sicht hat bereits der Begründer der naturwissenschaftlichen Evolutionstheorie, Charles Darwin (1809–1882), eingewendet:

„Es ist abwegig, z. B. den Bau des Spechts, die Form seiner Füße, seines Schwanzes, seines Schnabels und seiner Zunge, die so wunderbar geeignet ist, Insekten aus der Baumrinde hervorzuholen, nur äußeren Ursachen zuzuschreiben."

Darwin sieht vielmehr zwei Bedingungen für die Entstehung von Angepasstheit: Die Umweltfaktoren einerseits und die Organisation des Lebewesens samt seiner Lebensweise andererseits. Er spricht deshalb anstelle von Umweltbedingungen stets von der Anpassung der Lebewesen an ihre Lebensbedingungen (conditions of life).

Aneignung der Umwelt

Am Beispiel des Spechts (Abb. 1) können die Wechselbeziehungen zwischen Lebewesen und Umwelt erläutert und um einen Aspekt erweitert werden: Lebewesen finden nicht nur Umweltbedingungen vor, sondern verändern sie auch für

1: Schwarzspecht vor seiner Bruthöhle

2: Hohltaube in verlassener Schwarzspechthöhle

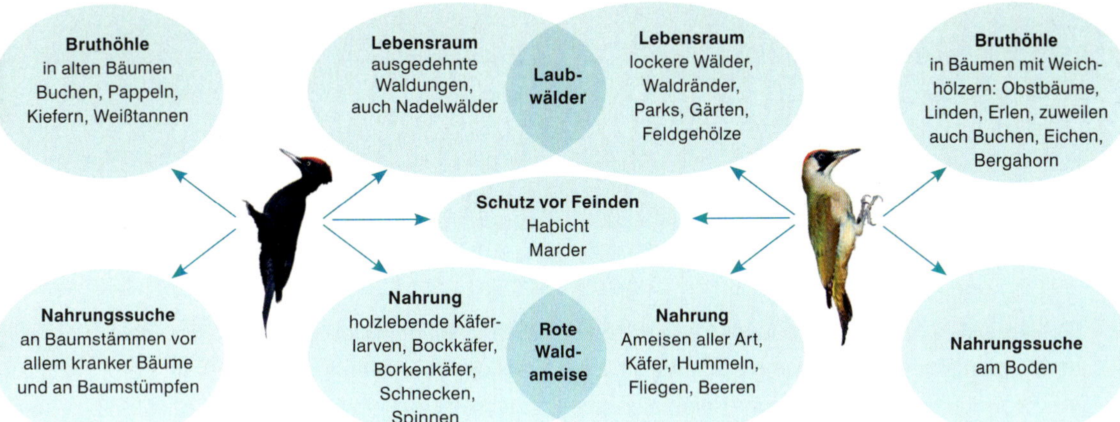

3: Nischen von Schwarzspecht und Grünspecht. Die Pfeile geben die Umweltbeziehungen an.

sich und für andere. Sie machen dadurch die Umwelt zu ihrer eigenen: Man kann von Aneignung der Umwelt reden.
Spechte nehmen Baumstämme nicht so hin, wie sie sind. Sie verändern sie, indem sie Höhlen in sie hineinbauen. Damit schaffen sie Bruthöhlen als Wohnräume. Sie verändern damit ihre Umwelt nachhaltig, und zwar nicht nur für sich, sondern auch für andere Bewohner des Waldes. So ist das Vorkommen der Hohltaube an das Vorkommen des Schwarzspechts gebunden, auf dessen Wohnungsbau sie angewiesen ist (Abb. 2).

Entwicklung ökologischer Nischen

Wie der Schwarzspecht – durch Klettern am Baumstamm und durch Zimmern von Höhlen –, entwickelt jede Art der Lebewesen das System ihrer Umweltbeziehungen. Das System der Umweltbeziehungen einer Art wird in der Fachsprache ökologische Nische genannt. Das Wort „Nische" wird oft als Raum missverstanden, der besetzt wird. Arten entwickeln jedoch ihre ökologische Nische, indem sie ihre Umwelt nutzen und gestalten. Die Nische ist ein ökologisches Artmerkmal, das wie andere Merkmale in der Evolution der Art gebildet wird. Ökologische Nischen existieren daher nicht vor oder neben der Art, sondern nur mit ihr: Ohne die Art gibt es ihre ökologische Nische nicht. Nah verwandte Arten, die im selben Lebensraum vorkommen, bilden unterschiedliche Nischen, sodass sie nebeneinander leben können, ohne sich den Lebensraum gegenseitig streitig zu machen, also z. B. zu sehr um Nahrung oder Nistmöglichkeit zu konkurrieren (Abb. 3).

ANSICHTEN UND EINSICHTEN

Umweltbedingungen

In einem Vortrag äußerte ein Evolutionsbiologe: „*Wenn sich die Umwelt nicht ändert, gibt es keine Evolution.*" Er redete vom Einfluss des Klimas. Tatsächlich steht die Evolution jedoch nicht still, wenn sich die äußeren Bedingungen für die Lebewesen nicht ändern: Die Lebewesen ändern ihre Umwelt auch selber, indem sie z. B. neue Nahrungsquellen erschließen. Wenn Lebewesen ihre Lebensweise ändern, ändern sie für sich und andere Lebewesen die Lebensbedingungen. Die veränderten Lebensbedingungen bewirken, dass die Evolution weitergeht.
Evolution der Lebewesen ist ein ökologischer Prozess, der mit vielfältigen Beziehungen der Lebewesen untereinander und mit der unbelebten Umwelt verknüpft ist. Dieses Netz von Beziehungen ist nicht leicht zu durchschauen. Daher können auch die Ursachen für den Verlauf der Evolution nur in Teilen rekonstruiert werden. Die zukünftige Evolution kann somit nur schwer vorhergesagt werden.

AUFGABEN

1 Erläutere den Unterschied zwischen Angepasstheit und Anpassung.

2 Man liest häufig, dass ökologische Nischen von Arten „besetzt" werden. Erläutere, inwiefern diese Ausdrucksweise irreleitend ist.

3 Erkläre die Anpassung der Spechte, indem du als Vorfahren einen Vogel annimmst, der ähnlich wie ein Kleiber lebte. Informiere dich dazu über den Kleiber. Verwende dabei die Begriffe Population, Variation, Fortpflanzung, Selektion (➜ S. 6 f).

https://www.fr-v.de/522002-k1-s9/

Ähnliche Funktion bewirkt ähnlichen Bau.

Wenn man Bau und Funktion eines Organs bei einem Organismus in Beziehung setzt, so schließt man vom Bau auf die Funktion: Beispielsweise lässt sich von der Form der Zähne bei Pflanzenfressern und Fleischfressern folgern, wie die Nahrung zerkleinert wird. In diesen Fällen fragt man nach den gegenwärtig ablaufenden Prozessen („Wie kommt es, dass Backenzähne die Nahrung zermahlen können?" → S. 5).

Bau und Funktion in der Evolution

In der Evolution muss der funktionsgerechte Bau in einer langen Zeitspanne über viele Generationen überhaupt erst entstanden sein. Hier fragt man nach der Geschichte („Wie kam es dazu?" → S. 5). Deshalb ist hier die Beziehung von Bau und Funktion umgekehrt: Man schließt von der Funktion auf die Entstehung des Baus. Beispielsweise förderte das Fressen von Pflanzen die Entstehung von Mahlzähnen. Dabei spielt der Wunsch oder das Streben von einzelnen Tieren keine Rolle: In der Population der Pflanzen fressenden Art hatten diejenigen Tiere, deren Gebiss die Nahrung feiner zermahlen konnte, einen Vorteil. Tiere mit Mahlzähnen haben sich deshalb häufiger fortgepflanzt als andere (→ S. 6). Von Generation zu Generation bildeten sich so die Gebisse von Pflanzenfressern heraus, wie wir sie heute kennen.

1: Mauersegler (links) Rauchschwalbe (rechts)

Ähnlichkeit durch gleiche Funktion

Im Sommer jagen in der Stadt oft schlanke Vögel im rasenden Flug und mit schrillen Schreien um die Häuser. Menschen halten sie oft für Schwalben, da sie ihnen ähneln. Es sind aber Mauersegler. Segler sind mit Schwalben nicht nahe verwandt. Aber sie jagen wie die Schwalben mit offenen Schnäbeln in der Luft fliegende Insekten. Die Ähnlichkeit von Mauerseglern und Schwalben beruht auf der ähnlichen Lebensweise (Insektenfang im Flug), die eine ähnliche Fortbewegung erfordert (Abb. 1).

Die Körperform von Lebewesen oder auch der Bau von Organen können also bei Lebewesen sehr ähnlich sein, und zwar auch dann, wenn sie nicht nahe verwandt sind. Man spricht von **Konvergenz**. So stimmen die Körperform und die Schnabelform von Schwalben und Seglern annähernd überein. Sie sind unabhängig voneinander durch Anpassung an die Lebensweise entstanden. Man sagt, sie sind konvergent entwickelt (lateinisch convergere: sich hinwenden, annähern).

Schwalben sind Singvögel. Man kann das u. a. an ihren Füßen erkennen (Abb. 1). Ein typischer Singvogel hat etwa die Gestalt eines Finken oder einer Amsel. Wenn Vertreter einer Gruppe stark von den anderen abweichen, spricht man von **Divergenz**. Schwalben sind in diesem Sinn divergent entwickelte Singvögel (lateinisch divergere: abweichen).

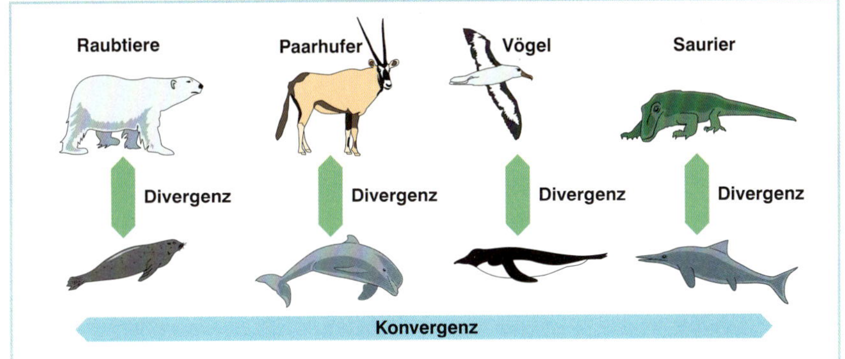

2: Konvergenz und Divergenz bei im Wasser lebenden Wirbeltieren: schnell schwimmende Fischfresser

Ähnlichkeit durch Abstammung

Übereinstimmungen im Bau von Lebewesen beruhen aber nicht immer auf ähnlicher Lebensweise, sondern meistens auf gemeinsamer Abstammung. So stimmen die Wirbeltiere darin überein, dass sie ein Skelett aus Knochen und Knorpel haben. Auch die Teile des Skeletts entsprechen einander. Man nennt eine Übereinstimmung, die auf Abstammung beruht, Homologie. Die Flügel der Vögel und die Flipper (Brustflossen) der Wale sind untereinander und zu den Vordergliedmaßen der anderen Landwirbeltiere homolog (Abstammungsähnlichkeit).

Die Flügel von Vögeln und Insekten sind dagegen nicht homolog. Sie entwickelten sich bei beiden Gruppen unabhängig voneinander. Die Übereinstimmungen sind konvergent (Funktionsähnlichkeit).

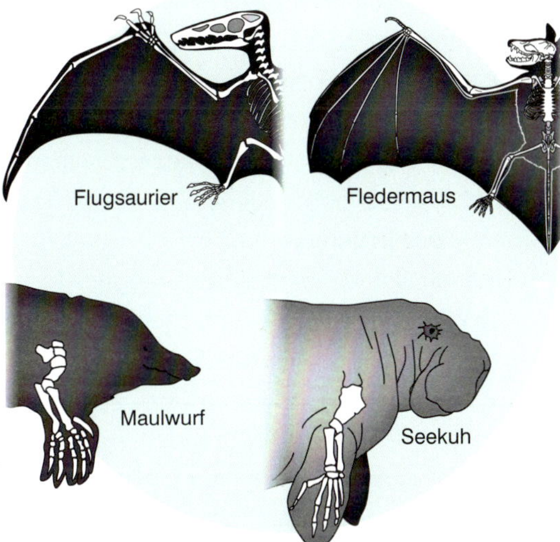

3: Vordergliedmaßen: homolog oder nicht homolog? Konvergent oder divergent?

WÖRTER UND BEGRIFFE

Homologie/Analogie/Konvergenz

Homolog nennt man Strukturen, die auf eine (ursprüngliche) Stammform zurückgeführt werden können (Abstammungsähnlichkeit).
Diese Strukturen sind ähnlich, ohne dass die Übereinstimmung sofort ins Auge fällt (z. B. Vogelflügel und Grabbein des Maulwurfs).
Strukturen, die aufgrund ähnlicher Funktion unabhängig voneinander entstanden sind, nennt man konvergent (Funktionsähnlichkeit),
Konvergente Strukturen wurden ursprünglich als analog bezeichnet und häufig als Gegensatz zu homolog angesehen. Analog meint dann einerseits „konvergent entwickelt" und andererseits „nicht homolog". Außerdem heißt analog in der Logik jede Entsprechung, gleichgültig, welche Beziehung gemeint ist.
Wegen der Mehrdeutigkeit des Worts ist es besser, die Bezeichnung „analog" im Zusammenhang mit Evolution und Verwandtschaft gar nicht zu verwenden: Geht es um Funktionsähnlichkeit, ist der Begriff Konvergenz korrekt. Der Gegensatz zu homolog ist weder analog noch konvergent, sondern: nicht homolog.
Konvergente Strukturen können homolog oder nicht homolog sein. Der Gegensatz zu konvergent ist divergent. Neben den auffälligen konvergent entwickelten Ähnlichkeiten wird oft übersehen, dass ein Lebewesen seinen nächsten Verwandten manchmal sehr unähnlich geworden ist, d. h. sich mit anderer Lebensweise divergent zu ihnen entwickelt hat: Konvergenz und Divergenz sind häufig nur zwei Ergebnisse derselben Geschichte (Abb. 2).

AUFGABEN

1 Betrachte die Abbildung 3 und erläutere, inwiefern die Vordergliedmaßen von Fledermäusen und Flugsauriern sowie von Seekuh und Maulwurf konvergent bzw. divergent entwickelt und homolog oder nicht homolog sind.

2 Nenne Ursachen dafür, dass homologe Strukturen oft divergent abgewandelt sind.

https://www.fr-v.de/522002-k1-s11/

Verschiedene Lebensweisen bedingen unterschiedlich gebaute Organe.

1: Vertreter von vier Wirbeltiergruppen: Molch, Eidechse, Zaunkönig, Spitzmaus

An Land lebende Wirbeltiere gehören zu verschiedenen Gruppen (Abb. 1). Molche gehören zu den Amphibien, Eidechsen sind typische Vertreter der Schuppenkriechtiere (Eidechsen werden zu den Reptilien gerechnet, die man aber besser aufteilt, da Vögel zu ihrer Verwandtschaftsgruppe gehören, → S. 40 f.). Der Zaunkönig ist ein Vertreter der Vögel, die Spitzmaus der Säugetiere.

Gleichwarm und wechselwarm

Molche und Eidechsen sind wechselwarm: Die von ihren Körpern durch Bewegung und Stoffwechsel erzeugte Wärme wird direkt an die Umgebung abgegeben. Die Körpertemperatur der wechselwarmen Tiere ist daher ungefähr dieselbe wie die Umgebungstemperatur.

Zaunkönig und Spitzmaus sind gleichwarme Tiere: Ihre Körperwärme wird durch die Körperbedeckung (Federn bzw. Haare) gestaut und danach geregelt an die Umgebung abgegeben. Ihre Körpertemperatur wird vergleichbar mit einem Thermostaten einer Heizung über oder unter der Umgebungstemperatur geregelt. Durch Regelmechanismen wird sie also auf annähernd demselben Wert gehalten. Gleichwarme Tiere scheinen von ihrer Umgebung unabhängiger zu sein als wechselwarme. So können Spitzmäuse Insekten bei Nacht jagen, Eidechsen nur bei Tag, an dem sie ihren Körper mithilfe der Sonne aufwärmen (→ S. 6).

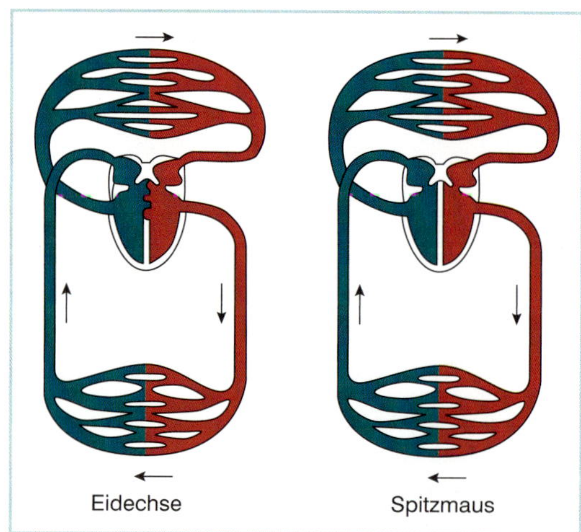

2: Blutkreisläufe

Blutkreisläufe

Molche und Eidechsen haben Herzen, deren Hauptkammer nicht oder nicht völlig durch die Scheidewand in zwei Kammern geteilt ist (Abb. 2). Meist wird als Nachteil dieses Baus angegeben, dass sich das aus dem Körper kommende sauerstoffarme Blut mit dem von der Lunge kommenden sauerstoffreichen Blut vermischt, sodass nur Mischblut in ihren Körper gelangt. Durch Leitung des Blutes im Herzen und den Herzschlag gelangt jedoch auch bei diesen Tieren fast nur sauerstoffreiches Blut in den Teilkreislauf des Körpers.

Der Unterschied der Blutkreisläufe liegt nicht in der kaum stattfindenden Blutmischung, sondern darin, mit welchem Druck das Blut vom Herzen in den Körper gepumpt werden kann. Wenn die beiden Kammern nicht völlig getrennt sind, können beide Kammern das Blut nur mit demselben Druck in die Arterien auspressen, die rechte Kammer in die Lungenarterie, die linke in die Körperarterie (Aorta). Gleichwarme Tiere haben eine

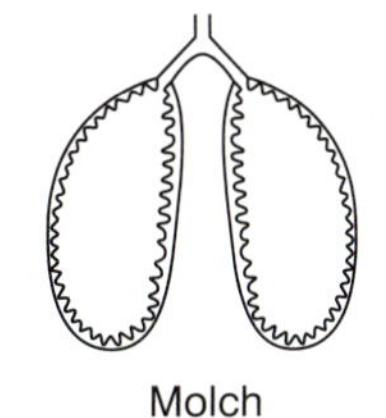

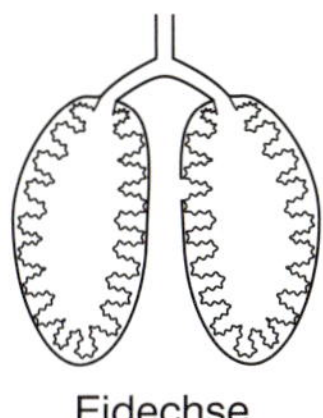

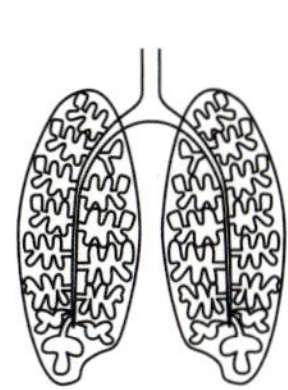

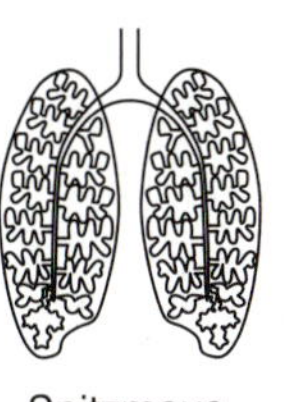

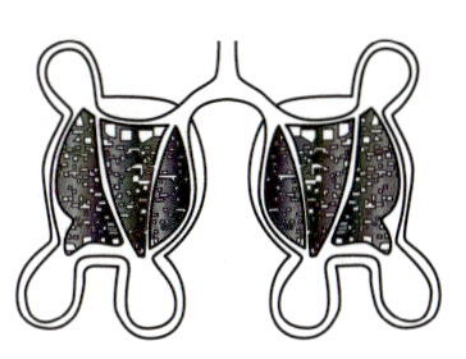

3: Lungen verschiedener Tiere

hohe Aktivität des Stoffwechsels. Dabei ist im Teilkreislauf des Körpers ein höherer Druck nötig als im Teilkreislauf der Lunge. Die linke Herzkammer, die den Körper mit sauerstoffreichem Blut versorgt, hat daher bei Vögeln und Säugern viel dickere Muskeln als die rechte.

Lungen

Die Lunge der Spitzmaus ist in zahlreiche Lungenbläschen untergliedert und dadurch leistungsfähiger als die einfachen Lungen von Molch und Eidechse. Der Blutkreislauf der Spitzmaus, der viel Sauerstoff in den Körper transportiert, ist also mit einer Lunge verknüpft, die aufgrund der vergrößerten inneren Oberfläche viel Sauerstoff an das Blut liefern kann. Häufig wird eine Entwicklungsreihe der Lungen angestellt, die vom Molch über die Eidechse zum Säugetier (Spitzmaus) führt. Bei dieser „aufsteigenden" Reihe wird zweierlei übersehen:

1. Komplexe Lungen gibt es nicht nur bei Säugetieren (Abb. 3). Warane haben Lungen mit ähnlich vielen Lungenbläschen. Vögel haben noch weit komplexere und effektivere Lungen als Säugetiere: Denn Fliegen benötigt noch mehr Sauerstoff als Laufen.
2. Die größere Effektivität der gleichwarmen Tiere hat ihren Preis: Die größere Aktivität und der komplexere Bau erfordern nicht nur mehr Sauerstoff, sondern auch mehr Nahrung, sodass die gleichwarmen Tiere viel mehr Aktivität zur Nahrungsbeschaffung und Verdauung aufwenden als die wechselwarmen. Das genügsame Leben der wechselwarmen Tiere hat also auch Vorteile. Verschiedene Lebensweisen bedingen den unterschiedlichen Bau der Organe, aber keine der Lebensweisen ist besser oder schlechter als die andere.

ANSICHTEN UND EINSICHTEN

„Höhere" und „niedere" Tiere

Da Wärmehaushalt, Blutkreislauf und Lungen bei den gleichwarmen Tieren effektiver sind als bei den wechselwarmen, spricht man von „höheren" Wirbeltieren (Gleichwarme) und „niederen" Wirbeltieren (Wechselwarme). In gleicher Weise stellt man die „Wirbeltiere" über die „Wirbellosen". Dabei geht man von einer Höherentwicklung der Lebewesen aus, die auf einer Stufenleiter angeordnet sind, an deren Spitze der Mensch steht. Charles Darwin (1809–1882) hielt das für unsinnig: „*Es ist absurd davon zu reden, dass ein Tier höher stehe als ein anderes. Wir Menschen betrachten diejenigen mit den am besten entwickelten geistigen Fähigkeiten als die höchsten. Eine Honigbiene würde zweifellos die Instinkte als Kriterien heranziehen.*" Statt in einer Stufenleiter zu denken, auf der die Lebewesen angeordnet werden, sollte Evolution dazu anleiten, Vielfalt zu denken, in der verschiedene Lebewesen ihren jeweils gleichwertigen Platz in der Natur haben. „Niedere" Lebewesen leben nicht schlechter als „höhere", sondern anders. Das wird dadurch bestätigt, dass die sogenannten „Höheren" die sogenannt „Niederen" nicht verdrängt haben, sondern mit ihnen zusammenlebten (→ S. 16 f.).

AUFGABEN

1. **Erläutere den Zusammenhang zwischen dem Bau von Blutkreislauf, Lunge und der Lebensweise von Eidechse und Spitzmaus.**
2. **Erkläre, warum eine Eidechse mit der Lunge einer Spitzmaus nicht gut leben könnte.**
3. **Die Herzkammern von Krokodilen sind durch ein Loch verbunden. Bei gesteigerter Aktivität können sie die Herzkammern jedoch trennen, indem sie das Loch verschließen. Erkläre, welche Wirkung das hat. Erläutere den Vorteil, den Krokodile dadurch haben, dass sie ihren Kreislauf von Ruhe auf Aktivität umschalten können.**

https://www.fr-v.de/522002-k1-s13/

Evolution geht in alle Richtungen.

In der Evolution nutzen Lebewesen jede Chance zum Leben. Wenn man nur die Evolution einer Art betrachtet, scheint sie in eine Richtung fortzuschreiten. Wenn man dagegen mehrere Arten erfasst, so geht ihre Evolution in alle erdenklichen Richtungen. Man nennt diese Erscheinung Radiation (wörtlich heißt dies Strahlung und bedeutet hier: Ausbreitung in alle Richtungen). Nah verwandte Arten zeigen, dass eine Ursprungsart in mehrere Arten aufgespalten wurde. Mit der Aufspaltung in mehrere Arten wurden verschiedene Umweltbedingungen genutzt und verschiedene Lebensweisen entwickelt: Radiation ist mit Anpassung (Adaptation) an verschiedene Lebensbedingungen verbunden (→ S. 8). Man spricht deshalb von adaptiver Radiation. Adaptive Radiation erfolgt besonders dann, wenn neue Gebiete besiedelt werden oder Lebewesen neue Eigenschaften erworben haben, die neue Lebensweisen eröffnen. Die Anpassung an verschiedene Lebensweisen führt dann zur Divergenz nah verwandter Arten (→ S. 10).

Besiedelung neuer Lebensräume

Auf noch unbesiedelten Inseln haben Neuankömmlinge häufig günstige Lebensbedingungen und entwickeln verschiedene ökologische Nischen (→ S. 9). Berühmte Beispiele sind die Vielfalt der Darwinfinken auf den Galapagosinseln und die Vielfalt der Kleidervögel auf Hawaii. Ebenso auffällig ist die Divergenz der Buntbarsche in ostafrikanischen Seen. Jeder große See beherbergt Schwärme zahlreicher, nur im jeweiligen See vorkommender Buntbarscharten, die verschiedene Bereiche des Sees bewohnen und sich unterschiedlich ernähren (Abb. 1).

1: Einige der über 500 Buntbarscharten aus dem Viktoriasee (Ostafrika). a: frisst Tiere des Planktons im Freiwasser; b: schabt Algen von Felsen ab; c: frisst Jungfische; d: frisst Schuppen, die er anderen Fischen ausreißt; e: frisst Schnecken, deren Schale er knackt; f: Felsen bewohnender Planktonfresser; g: frisst Insekten, die er mit seinen dicken Lippen schnappt; h: jagt Fische im Freiwasser; schwarz: ursprünglicher Flussfisch,der in den See eingewandert ist.

Neuartiger Körperbau

Die Fledertiere sind nach den Fluginsekten, den Flugsauriern und den Vögeln die vierte Tiergruppe, die in ihrer Evolution das Fliegen entwickelt hat. Mit dieser für Säugetiere neuen Fähigkeit haben sie viele Lebensweisen entwickelt. Sie sind nach den Nagetieren die artenreichste Säugetiergruppe. Schildkröten besitzen unter den Landwirbeltieren einen ganz besonderen Körperbau: Sie haben einen Knochenpanzer, der alle inneren Organe umschließt. Lediglich Kopf und Gliedmaßen ragen aus ihm heraus. Schildkröten gibt es schon seit der Trias vor 220 Millionen Jahren. Ihr eigentümlicher Körperbau hat sich nicht nur in dieser langen Zeit bewährt, mit ihm haben die Schildkröten auch alle möglichen Lebensräume (außer der Luft) besiedelt und verschiedene Lebensweisen entwickelt (Abb. 2). Unter ihnen gibt es Zwerg- und Riesenformen sowie Fleisch-, Pflanzen- und Allesfresser.

2: Radiation der Schildkröten:
a) Landschildkröte,
b) Sumpfschildkröte,
c) Weichschildkröte,
d) Geierschildkröte,
e) Riesenschildkröte,
f) Seeschildkröte

Die Seeschildkröten verbringen ihr Leben fast völlig im Meer. Sie legen aber – wie alle Schildkröten – ihre Eier an Land ab (→ S. 30).

Katastrophen

Radiationen großer Gruppen fanden nach erdgeschichtlichen Katastrophen statt. So konnten sich Knochenfische, Säugetiere und Vögel nach der erdgeschichtlichen Katastrophe am Ende des Erdmittelalters in der Erdneuzeit stark entfalten, da die Konkurrenz der Dinosaurier, Flugsaurier und Meeressaurier verschwunden war (→ S. 19, Abb. 2).

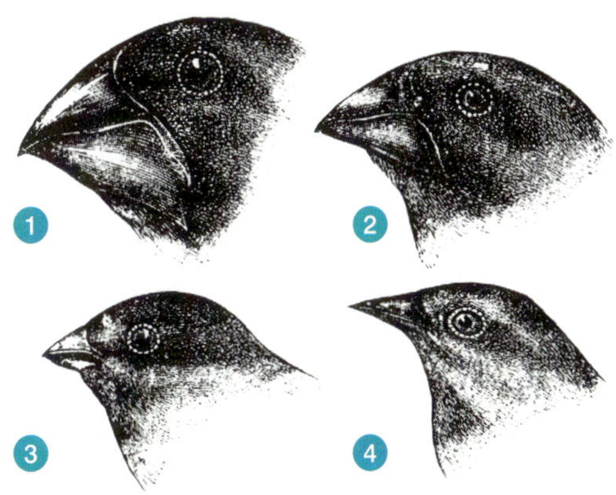

3: Darwins Zeichnung von vier Vogelarten der Galapagosinseln

AUFGABEN

1 Begründe, inwiefern die Radiationen gegen eine auf ein Ziel gerichtete Evolution sprechen.

2 Erkläre, dass auf manchen Inseln Radiationen besonders gut zu erkennen sind.

3 Charles Darwin hatte auf den Galapagosinseln die Köpfe von vier Vögeln gezeichnet. Die dickschnabeligen Vögel erkannte er als zwei Finkenarten (Abb. 3: 1 und 2), die anderen beiden hielt er für einen Zaunkönig (Abb. 3: 3) und für einen Star (Abb. 3: 4). Darüber hinaus interessierte sich Darwin nicht besonders für diese Vögel.
Präparate der Vögel schickte Darwin an den Ornithologen John Gould nach London. Als er von seiner Weltreise zurückkam, teilte ihm Gould mit, dass alle diese Vögel Finken sind, also nah miteinander verwandt sind (heute zählen sie zur Familie der Tangaren). Aufgrund von Goulds Mitteilung konnte sich Darwin die Entstehung unterschiedlicher Finkenarten so erklären:
Er nahm an, dass ein einziges Vogelpaar auf die Inseln verschlagen wurde.
Erkläre, wie aus einem Paar die verschiedenen Arten entstehen konnten.

https://www.fr-v.de/522002-k1-s15/

Verschiedenheit ermöglicht das Zusammenleben.

Die Vielfalt der Lebewesen auf der Erde konnte entstehen, weil viele Arten im selben Raum mit- und nebeneinander leben können. Sie nutzen denselben Lebensraum unterschiedlich.

Koexistenz im Meer

Im Meer existieren die Vertreter verschiedener Wirbeltiergruppen nebeneinander. Dieses Leben im selben Raum nennt man Koexistenz. Neben den *Knorpelfischen*, die im Meer entstanden sind, gibt es *Knochenfische*, deren Vorfahren wahrscheinlich aus Süßgewässern ins Meer gewandert sind. Außerdem findet man *Säugetiere* und *Vögel*, die als Landlebewesen das Meer zu ihrem Lebensraum gemacht haben.

Die Vertreter der genannten vier großen Gruppen leben zusammen, obwohl viele von ihnen ähnliche Nahrung beanspruchen.

Fischfresser erbeuten nicht nur kleine und große Fische, sondern auch Krebse (Krill) und andere im freien Wasser schwimmende Tiere wie Tintenfische (Abb. 1).

Planktonfresser und Muschelfresser sind ebenfalls auf bestimmte Nahrung spezialisiert (Abb. 2). Die Vertreter der später ins Meer eingewanderten Tiere (wie die Wale) haben die dort bereits lebenden (Fische) nicht verdrängt, sondern sich zu ihnen gesellt. Sie können zusammenleben, weil sie vielfach verschiedene Arten der Beutetiere fressen und ihre Nahrung außerdem unterschiedlich erbeuten (z. B. tauchen Wale und Sturmschwalben unterschiedlich tief). Daher konkurrieren sie nur teilweise oder gar nicht miteinander (→ S. 9).

Die Vielfalt an Fischfressern, Planktonfressern und Muschelfressern ist kein Zufall. Die Masse der jeweiligen Beutetiere ernährt sie alle: Sowohl Fische wie Plankton und Muscheln wachsen im Meer reichlich nach (solange der Mensch die Meere nicht überfischt).

Im Erdaltertum haben ganz andere Fischfresser das Meer bevölkert als heute, u. a. die Fischsaurier (→ S. 4) und viele weitere im Meer lebende Saurier. Von dieser Tierwelt haben nur die Haie

1: Fischfresser im Meer

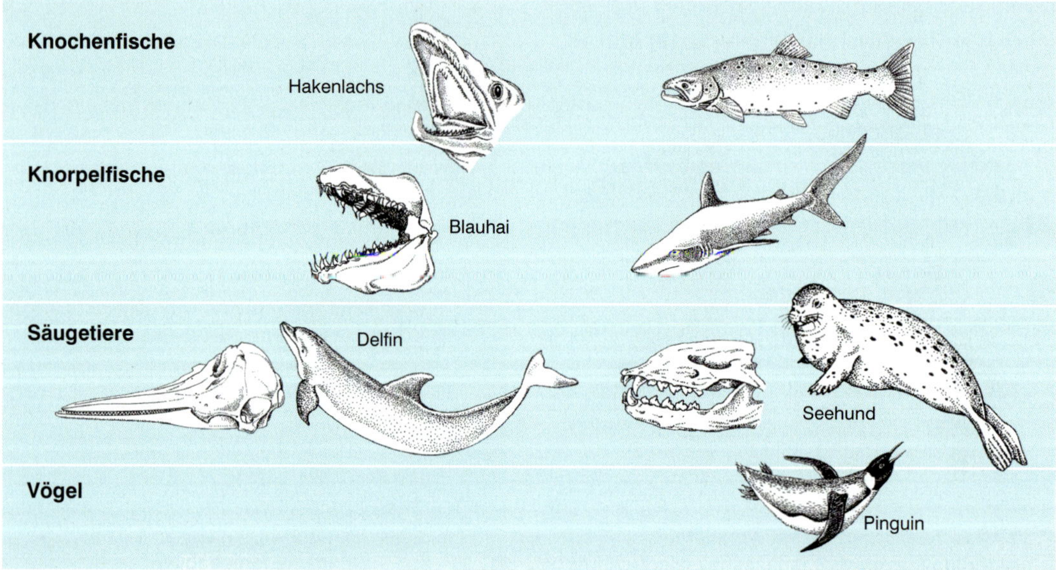

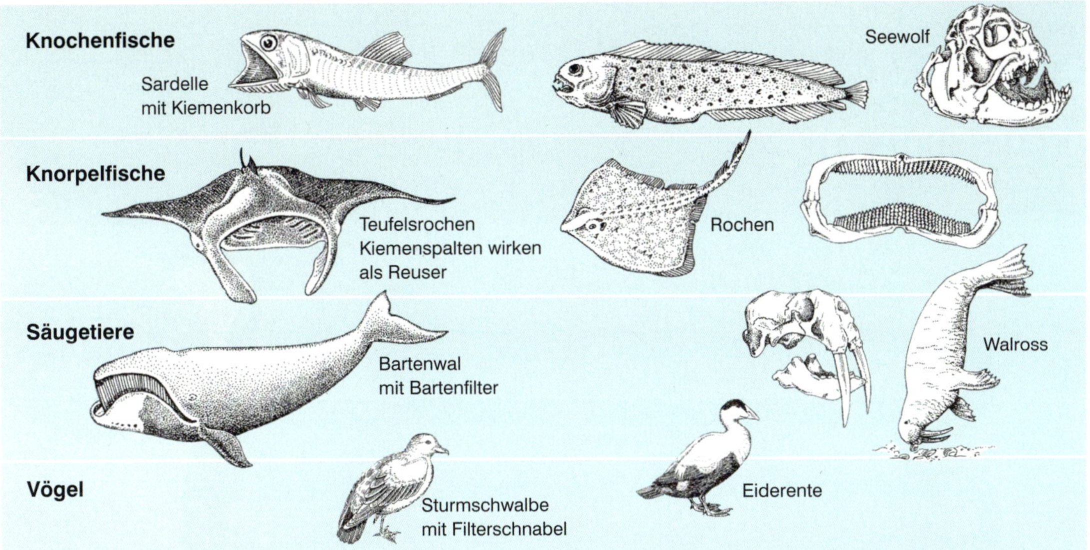

2: Planktonfresser und Muschelfresser im Meer

die Katastrophen der Erdgeschichte überlebt. Alle anderen Gruppen haben sich erst nach den Katastrophen am Ende der Kreidezeit vor etwa 65 Millionen Jahren entfaltet. Sowohl die Vielfalt der Knochenfische wie die der Säugetiere und Vögel sind also Ergebnisse der erdgeschichtlichen Neuzeit (→ S. 19).

Koexistenz an Land

An Land ist die Vielfalt der miteinander lebenden Tiergruppen ebenso zahlreich wie im Meer. Auch an Land bestimmen sich schnell vermehrende Tiere, ob sich Vertreter verschiedener Tiergruppen von ihnen ernähren können (Abb. 3).

3: Mäusefresser. Jeder Pfeil bedeutet: wird gefressen von

WÖRTER UND BEGRIFFE

Koexistenz/ökologische Nischen

Bei den Beziehungen einer Art zur Umwelt spricht man wissenschaftlich von einer ökologischen Nische. Eine ökologische Nische ist also kein Raum, sondern das System der Umweltbeziehungen einer Art. Unterschiedliche ökologische Nischen ermöglichen, dass Arten ohne oder nur mit geringer Konkurrenz im selben Lebensraum existieren können (→ S. 9).

Die auf dieser Seite genannten Beispiele für Koexistenz beziehen sich auf ökologische Beziehungen und Vertreter verschiedener Tiergruppen, die in der Systematik oberhalb von Arten stehen. Man spricht dann anstelle von ökologischen Nischen von ökologischen Zonen.

Man beschreibt das gemeinsame Vorkommen von Vertretern verschiedener systematischer Gruppen auch als „Überschichtung" und meint damit, dass neben Fischen beispielsweise Säugetiere im Meer vorkommen. Das Wort „Überschichtung" stammt aus der Gesellschaftswissenschaft und meint die Existenz von „unteren" und „oberen" Schichten einer Bevölkerung. Diese Bewertung wird vermieden, wenn man nicht von Überschichtung, sondern von Koexistenz spricht.

AUFGABEN

1 Zeichne ein Diagramm wie in Abb. 3 für einheimische Insektenfresser.

2 Erläutere die Wörter Überschichtung und Koexistenz.

3 Erkläre, auf welche Weise verschiedene Muschelfresser im Meer nebeneinander existieren können (Abb. 2).

https://www.fr-v.de/522002-k1-s17/

Globale Katastrophen prägen die Erdgeschichte.

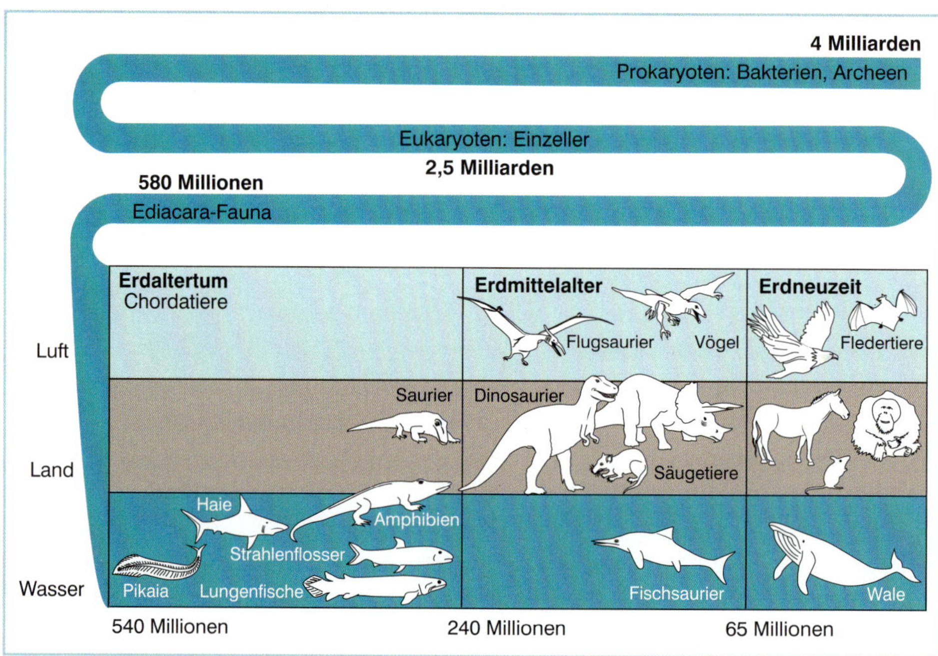

1: Erdzeitalter und das Auftreten der Wirbeltiere (Zahlenangaben in Jahren)

Zwischen den Abschnitten der Erdgeschichte ereigneten sich Katastrophen, die erhebliche Teile der bis dahin entstandenen Pflanzen und Tiere auslöschten. Anhand der Katastrophen und der danach auftretenden neuen Pflanzen- und Tierformen, kann man Erdzeitalter und Epochen unterscheiden.

Erdzeitalter

Die Zeit, in der die unterschiedlichen Pflanzen- und Tierformen nacheinander entstanden, kann man in drei Erdzeitalter einteilen: Erdaltertum, Erdmittelalter und Erdneuzeit (Abb. 1).
Die Zeit davor ist das längste Zeitalter der Erdgeschichte: die Erdurzeit. Sie ist dreimal so lang wie die drei folgenden Erdzeitalter zusammen. Aus dieser Zeit gibt es erst am Ende Fossilien von Tieren, die aber ganz anders aufgebaut waren als heutige Tiere: Sie bestanden aus verfilzten Fäden („Matratzentiere"). Sie sind beim Übergang zum Erdaltertum ohne Nachkommen ausgestorben.

In der folgenden Epoche, also zu Beginn des Erdaltertums, gab es bereits Vertreter aller größeren Tiergruppen. In dieser Epoche, dem Kambrium, gab es zwar noch keine *Wirbeltiere*, aber *Chordatiere* wie Pikaia (Abb. 1), also Tiere der großen Verwandtschaftsgruppe, zu der auch die Wirbeltiere gehören.

Aussterben durch Katastrophen

Die größten Katastrophen der Erdgeschichte fanden zwischen den Erdzeitaltern statt, also zwischen Erdaltertum und Erdmittelalter sowie zwischen Erdmittelalter und Erdneuzeit. Durch diese Katastrophen wurde jeweils $\frac{2}{3}$ bis zu $\frac{3}{4}$ aller damals lebenden Tierarten vernichtet (Abb. 2).
Als Beispiel wird hier die Katastrophe vor etwa 65 bis 66 Millionen Jahren betrachtet. Es ist die Wende von der letzten Epoche des Erdmittelalters, der Kreide, zur ersten Epoche der Erdneuzeit, dem *Tertiär*. Der Übergang zwischen den beiden Erdzeitaltern ist als dünne Schicht sichtbar.

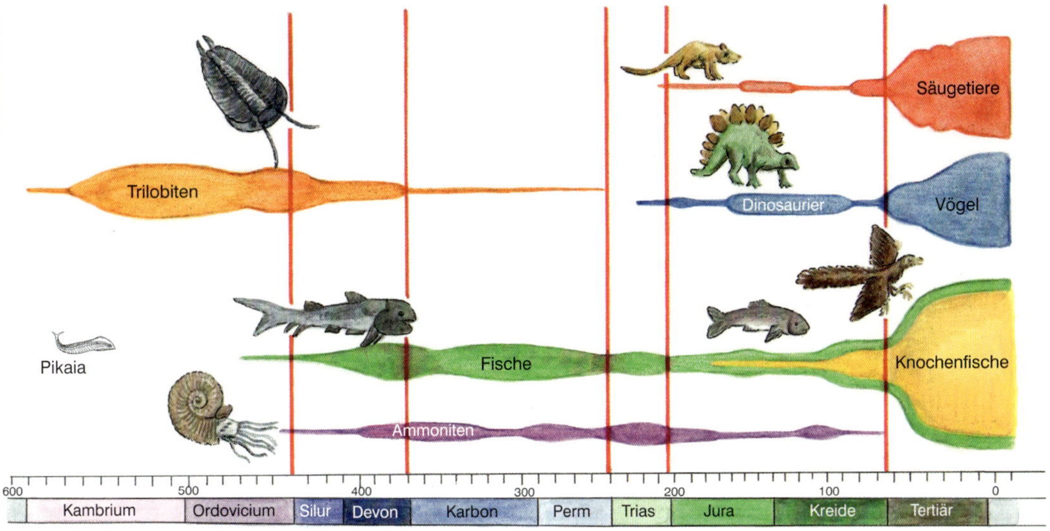

2: Zeitalter und Epochen der Erdgeschichte. Rote Linien kennzeichnen erdgeschichtliche Katastrophen. Vögel, Säuger und Knochenfische entfalteten sich nach der Katastrophe beim Übergang von der Kreide zum Tertiär.

Sie wird als K/T-Grenze bezeichnet. Die dünne Schicht gilt wegen ihrer Zusammensetzung als Nachweis, dass ein riesiger Meteorit auf die Erde eingeschlagen war und die Katastrophe ausgelöst hatte. Als Folge des Einschlags entstand der Golf von Mexiko. Riesige, durch den Meteoriteneinschlag aufgewirbelte, Staubwolken verdunkelten die Sonne. Die Folge war eine Kaltzeit.

Entfaltung der Überlebenden

Arten der Vögel, Säugetiere und *Knochenfische* gab es bereits im Erdmittelalter. Einige Arten überlebten die Katastrophe am Ende der Kreidezeit und entfalteten sich zur heutigen Vielfalt (Abb. 2). Vögel sind überlebende Dinosaurier: Während die Riesenformen ausstarben, überlebten kleine befiederte *Dinosaurier*. Sie besaßen – ähnlich wie schon *Archaeopteryx* – ein voll funktionsfähiges Fluggefieder. Als fliegende Tiere hatten sie nach dem Aussterben der Flugsaurier keine Konkurrenz mehr. Säugetiere sind etwa gleichzeitig mit den Dinosauriern entstanden. Bis zur Katastrophe haben sie jedoch im Schatten der Dinosaurier gelebt. Es waren vorwiegend kleine, nachtaktive Formen, die den heutigen Spitzmäusen ähnelten. Erst nach dem Aussterben der großen Saurier entstanden auch viele große Formen.
Urtümliche Fische entstanden bereits im Erdaltertum. Die modernen Knochenfische traten kurz nach den Säugetieren auf. Sie konnten sich stark entfalten, als die im Meer lebenden fischfressenden großen Saurier ausgestorben waren.

ANSICHTEN UND EINSICHTEN

Katastrophen

Der französische Naturforscher Georges Cuvier (1769–1832) war, wie die Mehrheit der Wissenschaftler seiner Zeit, davon überzeugt, dass Arten unveränderlich sind (Artkonstanz) und die Lebewesen in einem einmaligen Schöpfungsakt entstanden sind.
Cuvier war jedoch der beste Fossilienkenner seiner Zeit. Er erkannte, dass die fossilen Arten der Lebewesen andere waren, als die gegenwärtig lebenden. Daher vermutete er, dass die fossilen Lebewesen durch erdgeschichtliche Katastrophen vernichtet worden sind, während die heutigen überlebten. Mit der Evolutionstheorie Darwins wurde die Katastrophentheorie weitgehend abgelehnt, da man eine allmähliche Entwicklung ohne große Sprünge annahm. Heute ist jedoch klar, dass Cuvier teilweise Recht hatte: Der Verlauf der Evolution ist durch zahlreiche erdgeschichtliche Katastrophen beeinflusst worden. Die heutigen Gruppen der Lebewesen existierten jedoch nicht von Anfang an, sondern sind früher oder später in der Erdgeschichte entstanden (Abb. 1 und 2).

AUFGABEN

1. Erläutere die Katastrophentheorie von Cuvier und beurteile, wie weit sie zutrifft und wie weit nicht.
2. Erkläre den Grund dafür, dass Vögel Dinosaurier sind und nicht nur von Dinosauriern abstammen.
3. Manche Menschen halten die Dinosaurier für die Vorfahren aller heute lebenden Landwirbeltiere. Gib die tatsächliche Abstammung von Schuppenechsen (→ S. 27), Säugetieren und Vögeln an.

https://www.fr-v.de/522002-k1-s19/

Schöpfungsglaube und Evolutionstheorie widersprechen sich nicht.

Religion und Naturwissenschaft sind zweierlei. Es ist gut, sie zu unterscheiden.

Ein Schöpfungstext

Der erste Schöpfungstext der hebräischen Bibel (Genesis 1) ist vor etwa 2.500 Jahren geschrieben worden. Er ist am damals wissenschaftlich führenden Weltbild der Babylonier orientiert (Abb. 2). Demnach wurden vom 1. bis 3. Tag (Abb. 1 links) die Phänomene geschaffen und getrennt: Licht und Finsternis, Wasser über und unter dem Himmel, auf der Erde Wasser und Land (mit Pflanzen). Am 4. bis 6. Tag (Abb. 1 rechts) wurden die Geschöpfe gemacht: z. B. am 4. Tag die Himmelskörper als Lampen (bei den Babyloniern waren sie noch Götter).
Die Tiere wurden in Lebensräumen geschaffen: am 5. Tag fliegende Tiere der Luft und schwimmende Tiere im Wasser, am 6. Tag kriechende und laufende an Land.

Am siebten Tag ruhte Gott.

1: Die Schöpfungstage nach dem ersten Schöpfungstext in der Bibel, gezeichnet von Jens, 10 Jahre.

HIMMELSOZEAN (URFLUT)
HIMMELSGEWÖLBE mit Sonne, Mond und Sternen
Meer Land Meer
WASSER DER TIERE (URFLUT)

2: Das babylonische Weltbild von Himmel und Erde.

Das Ordnen der Tiere nach Lebensräumen und entsprechenden Bewegungsweisen war und ist auch heute in allen Kulturen üblich.
Manche Menschen möchten allerdings in der Abfolge der Schöpfungstage so etwas wie eine Evolution sehen – mit dem Menschen an der Spitze. Sie wollen also Schöpfung und Evolution harmonisieren. Doch das geht nicht gut: Die Abfolge der Tierschöpfungen entspricht nicht der der Evolution. Die Tiere werden im Schöpfungstext nicht nach Abstammung geordnet, sondern nach ihren gegenwärtigen Lebensbereichen.
Der Mensch steht auch nicht an der Spitze der Schöpfung. Er wurde gemäß der Schöpfungsgeschichte am 6. Tag zusammen mit den Landtieren geschaffen, was eine enge Beziehung zu ihnen ausdrückt.
Der 7. Tag erst zeigt das Ziel der Schöpfung: die Ruhe Gottes. Der Text begründet damit den 7. Tag der Woche als Feiertag für den Menschen. Er ist also kein Bericht, der die Vergangenheit betrifft, sondern er sagt etwas zu unserem gegenwärtigen Leben.

Kreationismus

Manche Menschen meinen, dass der Schöpfungstext naturwissenschaftlich zutrifft, und stellen ihn somit in Widerspruch zur Evolution. Diese Überzeugung heißt Kreationismus.
Einige Kreationisten glauben, dass die Erde nur 16.000 Jahre alt ist, andere nehmen ein

größeres Alter an, meinen aber ebenfalls, dass alle Tierarten und der Mensch zu Beginn in einem Schöpfungsakt geschaffen wurden. Wieder andere postulieren, dass die Lebewesen aufgrund ihrer Komplexität von einem intelligenten Wesen geschaffen sein müssen (Intelligent Design).

In kreationistischen Überzeugungen werden naturwissenschaftliche und religiöse Aussagen nicht unterschieden, sondern biblische Aussagen zur Schöpfung für naturwissenschaftliche Tatsachen gehalten.

Naturwissenschaft erklärt natürliche Phänomene mithilfe von Theorien. Sie versucht, ihre Hypothesen mit Beobachtungen, Experimenten und Rekonstruktionen zu bestätigen oder zu widerlegen (→ S. 5). Religionen versuchen, Antworten auf den Sinn unserer Existenz zu geben. Entsprechend sind biblische Texte keine naturwissenschaftlichen Aufsätze. Von einer naturwissenschaftlichen Zeitschrift würden sie als Beitrag nicht akzeptiert werden.

Kreationisten nehmen den Schöpfungstext als Tatsachenbericht und einige Wissenschaftler*innen meinen, ihn belegen zu können. Sie bezeichnen ihr Vorgehen daher als Schöpfungswissenschaft. Ihr Vorgehen unterscheidet sich jedoch grundsätzlich von naturwissenschaftlichen Methoden. In der Naturwissenschaft wird geprüft, ob die Hypothesen gültig sind. Werden sie widerlegt, so ist das ein Erkenntnisgewinn, da nach neuen Erklärungen gesucht werden muss. Das kreationistische Vorgehen besteht lediglich darin, die eigenen Überzeugungen durch Argumente zu stützen und andere Deutungen auszuschließen. Eine Widerlegung der eigenen Annahmen wird von vornherein ausgeschlossen. „Schöpfungswissenschaft" nimmt darüber hinaus Ursachen an, die als „Wunder" naturwissenschaftlich nicht erklärbar sind (Abb. 3). Derartige Ereignisse finden in beliebiger Art und Weise statt und sind daher nicht an naturwissenschaftlich erfassbare Ursachen gebunden. Naturwissenschaftliche Methoden schließen derartige Ereignisse aus. Die Annahme von Schöpfungsakten oder Wundern erklärt daher naturwissenschaftlich nichts.

3: Naturwissenschaft und Wunder

ANSICHTEN UND EINSICHTEN

Naturwissenschaft und Religion

Charles Darwin beschränkte sich auf Naturwissenschaft und bezeichnete sich gegenüber Religion als Unwissender (Agnostiker). Er meinte jedoch, dass sich die Evolutionstheorie nicht gegen die Religion richtet. Sonst müsste man die natürliche Erklärung der menschlichen Entwicklung nach Zeugung, Schwangerschaft und Geburt ebenso als gegen Religion gerichtet betrachten. Damit traf er den Nagel auf den Kopf, denn ein jüdischer, christlicher und muslimischer Glaube sagt aus, dass jeder einzelne Mensch als Person von Gott geschaffen ist.

Der Evolutionsbiologe Stephen Jay Gould betont, dass Religion und Naturwissenschaft zwei getrennte große Lehrerinnen sind, die beide wichtige Aussagen zum menschlichen Leben machen. Die Unterscheidung von Religion und Naturwissenschaft bedeutet jedoch nicht, dass sich beide gar nichts zu sagen haben. Im Gegenteil: Aus Sicht der Religion ist der Mensch ein besonderes Lebewesen und das einzige, das Verantwortung für seine Umwelt und Mitgeschöpfe übernehmen kann. Aus Sicht der Evolutionsbiologie ist die heutige biologische Vielfalt durch das Handeln des Menschen bedroht. Mit evolutionsbiologischem Verständnis lassen sich Konsequenzen des menschlichen Handelns vorhersagen. Aus beiden Aussagen erwächst gleichermaßen der Auftrag für den Menschen zum verantwortungsbewussten, ökologischen Handeln.

AUFGABE

1 **Auf S. 3 sind einige Fragen zusammengestellt. Versuche die Fragen so zu beantworten, dass eine Mitschülerin oder ein Mitschüler deine Aussagen verstehen kann. Die Informationen in diesem Kapitel können dir dabei helfen.**

https://www.fr-v.de/522002-k1-s21/

Vom Wasser ans Land – und zurück

2

Sind Wale und Fischsaurier auch Fische?

Sind alle Fische unsere Vorfahren?

Bekamen Landtiere Lungen, weil sie Luft atmen mussten?

Krochen Fische an Land, um sich weiterzuentwickeln?

Sind Fische einander ähnlicher als Landwirbeltiere?

Können Fische ohne Schwimmblase schwimmen?

Sind Fischsaurier Vorfahren der Dinosaurier?

Pflanzen und Tiere haben vom Wasser aus das Land besiedelt.

Die *Wirbeltiere* haben sich im Wasser entwickelt. Ursprüngliche Wirbeltiere des Wassers heißen Fische. Sie gehören jedoch verschiedenen Gruppen an. Zuerst traten im Erdaltertum *kieferlose* Formen auf, die mit den heutigen Neunaugen verwandt sind. Danach entstanden Formen mit Kiefern (→ S. 27, Abb. 2). Sie sind Vertreter der großen Gruppe der *Kiefermünder*, zu der auch alle übrigen Wirbeltiere gehören: *Knorpelfische*, Knochenfische und die Landwirbeltiere.

Was hat ein Fisch an Land verloren?

Aus der Gruppe der *Knochenfische* krochen im Erdaltertum, in der Epoche Devon, Vertreter einer besonderen Gruppe an Land. Diese Fische hatten bereits Lungen und Beine. Die heutigen *Lungenfische* sind wahrscheinlich ihre nächsten Verwandten (→ S. 27).

Was suchten diese Fische an Land? Dazu gibt es verschiedene Vermutungen.

Zu den wichtigsten Beziehungen unter den Lebewesen gehören die Nahrungsbeziehungen.

Die Knochenfische waren sämtlich Fleischfresser: Raubfische, die sich von anderen Wassertieren ernährten (Abb. 1).

Welche Nahrung gab es an Land?

Schon früh im Erdaltertum besiedelten die ersten Pflanzen das Land. Pflanzennahrung war daher im Devon im Überfluss vorhanden. Raubfische aber können sich nicht von Pflanzen ernähren, da Pflanzenteile viel schwerer zu verdauen sind als das Fleisch von Tieren.

Die Raubfische waren jedoch nicht die ersten Tiere, die an Land gingen. Vor ihnen besiedelten *Wirbellose* die Kontinente: Würmer, Schnecken und erste *Gliederfüßer* (Abb. 1).

Im Gegensatz zu den Raubfischen ernährten sich die Wirbellosen – wie auch viele heutige Würmer, Schnecken, Urinsekten und Tausendfüßer – von vermoderten Pflanzenteilen.

Spinnen und Skorpione waren ihnen schon vor den Fischen als Räuber gefolgt.

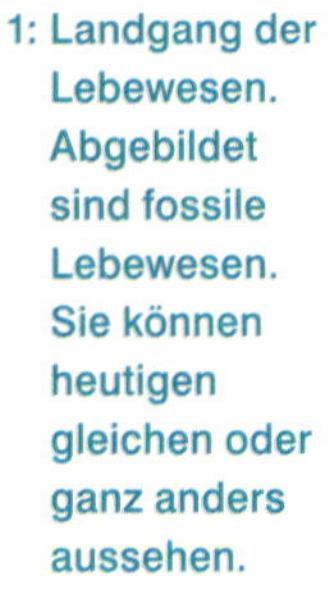

1: Landgang der Lebewesen. Abgebildet sind fossile Lebewesen. Sie können heutigen gleichen oder ganz anders aussehen.

2: Schlammspringer bei Ebbe: Sie fressen fast nur während des Landgangs. Sie fangen Insekten.

Diese Nahrungstiere waren wahrscheinlich eine wesentliche Ursache dafür, dass die Raubfische an Land gingen: Im Wasser herrschte große Konkurrenz um Nahrung. An Land hingegen konnten die Raubfische die reichlich vorhandene tierliche Nahrung noch ohne Konkurrenz anderer Wirbeltiere nutzen und daher viele Lebensräume besiedeln sowie unterschiedliche Lebensweisen entwickeln (→ S. 14 f.).

Ichthyostega zählte zu den ersten Lebewesen, die halb im Wasser und halb an Land lebten. Er ist ein urtümlicher Vertreter der *Amphibien* (Abb. 1).

Eine heutige Parallele zum Landgang: In Lagunen tropischer Meere gehen Schlammspringer bei Ebbe an Land und jagen *Insekten* (Abb. 2).

ANSICHTEN UND EINSICHTEN

Ursachen des Landgangs der Wirbeltiere

Zu den Ursachen des Landgangs der Fische gibt es mehrere Hypothesen:

Einige Forscher*innen glauben, dass die Fische zunächst über Land gingen, um neue Gewässer aufzusuchen. So gehen beispielsweise bei den heutigen Fischen die Kletterfische vor. *Kletterfische* haben neben den Kiemen ein zusätzliches Atmungsorgan, mit dem sie Luft atmen können. Sie klettern nicht nur auf Bäume und fangen dort Insekten, sondern wandern auch über Land zu neuen Gewässern.

Andere Wissenschaftler*innen vermuten, dass Fische das Land aufsuchten, um zu überwintern. Heutige Kröten und Molche überwintern tatsächlich an Land. Ein gegenteiliges Beispiel sind jedoch die Frösche: Sie überwintern im Schlamm von Gewässern. Die Wassertemperatur sinkt dort aufgrund der Dichteanomalie des Wassers nicht unter 4 Grad C.

Ähnlich ist die Annahme, dass Fische an Land zuerst das Austrocknen von Gewässern überlebten, indem sie sich im Boden vergruben und erst wieder aktiv wurden, wenn sich wieder Wasser über ihnen ansammelte. So verhalten sich heutige Lungenfische.

Das Aufsuchen neuer Gewässer, die Überwinterung oder das Überdauern bei Trockenheit stiften keine Beziehung und keine Aktivität, die einen dauerhaften Aufenthalt an Land einleiten können. Durch Nahrungsbeziehungen ist dies jedoch möglich: Die schon an Land lebenden Tiere boten den Raubfischen ein zunächst konkurrenzloses Leben an Land.

Landwirbeltiere entwickelten sich aus einer besonderen Fischgruppe.

Fische, wie wir sie kennen, atmen durch Kiemen und bewegen sich im Wasser mit Flossen fort.

Fische mit Beinen

Die ersten Fische haben sich wahrscheinlich im Flachwasserbereich nahe der Ufer von Gewässern entwickelt. Sie waren zunächst Bodenbewohner.

Beine wurden nicht erst an Land erworben, sondern bereits im Wasser: Das ist nicht ungewöhnlich: Krebse haben ihre Schreitbeine ebenfalls im Wasser entwickelt. Auch einige heutige Bodenfische benutzen ihre Flossen nicht nur zum Schwimmen, sondern auch zum Laufen.

Fossile Fische entwickelten Flossen mit Knochen und Muskeln, die diese Funktion besser erfüllen als lappige Flossen. Man nennt sie Muskelflossen, sie können ebenso gut als Beinflossen bezeichnet werden (Abb. 1).

Über die Veränderung der Beinflossen in der Evolution sind durch zahlreiche Fossilformen heute fast lückenlos Informationen vorhanden. In Abbildung 1 sind davon nur zwei Beispiele gegeben. An Fossilien erkennt man jedoch nur Knochenstrukturen. Dass die Beinflossen im Gegensatz zu Fischflossen auch Muskeln enthielten, wissen wir von zwei heute lebenden Formen, die altertümliche Muskel- oder Beinflossen bewahrt haben: Der Quastenflosser Latimeria und der Australische Lungenfisch.

Aus dem Bau der Beinflossen lässt sich der Bau der Gliedmaßen der Landtiere ableiten: Beinflossen und Gliedmaßen der Landwirbeltiere sind homolog (→ S. 11).

Fische mit Lungen

Fische atmen durch Kiemen. Im warmen Flachwasser aber ist wenig Sauerstoff gelöst. Da ist es von Vorteil, Luft zu schnappen. Einige Fische entwickelten aus stark durchbluteten Darmausstülpungen neben den Kiemen ein weiteres Atmungsorgan: die Lunge.

1: Beinflossen von fossilen Lungenfischen und Beine von fossilen Amphibien stimmen in den Knochen überein.

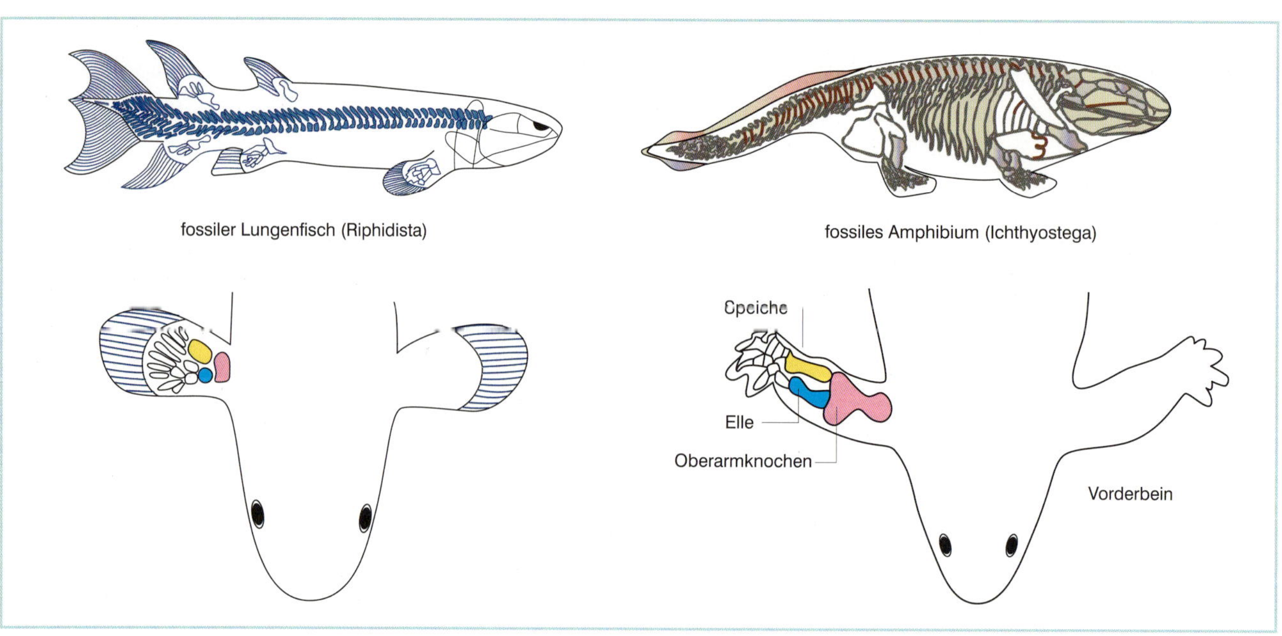

Wechsel zwischen Wasser und Land

Die ersten Fische, die an Land gingen, hatten also Beine und Lungen. Sie wechselten oft zwischen Wasser und feuchtem Land. Sie hielten sich in feuchter Luft auf und vermieden so, dass sie austrockneten. Die heutigen Lungenfische sind wahrscheinlich ihre nächsten Verwandten. Fossile Lungenfische wurden zu den Vorfahren der *Amphibien*.

Evolution zu echten Landtieren

In der folgenden Evolution wurden einige Gruppen der Landtiere zunehmend unabhängig vom Leben im Wasser und auch von feuchter Umgebung. Die Evolution lässt sich anhand der Lebensräume und der Eier heutiger Wirbeltiergruppen rekonstruieren.

Amphibien legen wie Fische Wassereier, die durch eine Gallerthülle geschützt sind.
Amniontiere sind echte Landtiere (Abb. 2). Sie legen ihre Eier an Land ab. Sie haben Eier, in denen der Embryo in der vom Amnion gebildeten Fruchtblase wie in einem eigenen, kleinen Gewässer schwimmt.
Unter den *Sauropsiden* (Abb. 2) legen Schuppenechsen, Schildkröten und Krokodile ihre Eier im feuchten Boden ab. Man nennt sie daher Feuchtigkeitseier. Die sich im Ei entwickelnden Embryonen sind auf Wasseraufnahme aus der Umgebung angewiesen. Durch die Wasseraufnahme ist ein schlüpfendes Jungtier schwerer als das abgelegte Ei. Solche Feuchtigkeitseier legen auch die *Kloakentiere* (→ S. 36).
Vögel legen Eier, die völlig vom Wasser unabhängig sind, man nennt sie echte Landeier. Durch die Kalkschale verdunstet zwar etwas Wasser, dennoch schützt sie vor zu großem Wasserverlust. Ein schlüpfendes Küken ist leichter als der Inhalt des abgelegten Eies.

Unter den *Säugetieren* legen *Plazentatiere* und Beuteltiere ihre Eier nicht ab. Sie haben vielmehr Körpereier, die im Körper der weiblichen Tiere rundum geschützt sind.

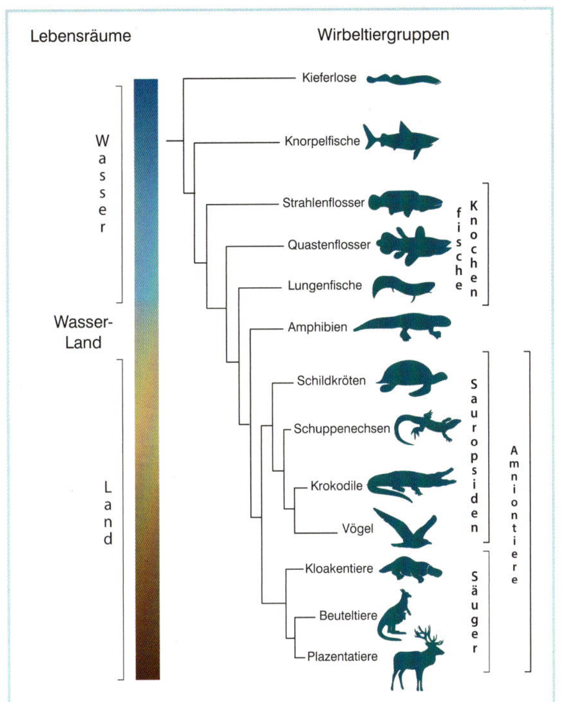

2: Das Baumdiagramm zeigt die Verwandtschaft der Wirbeltiergruppen.

WÖRTER UND BEGRIFFE

Geeignete Strukturen/Präadaptation

Wenn Lebewesen Merkmale haben, die ihnen ermöglichten, neue Lebensräume zu besiedeln oder neue Lebensweisen zu entwickeln, dann spricht man in der Evolutionsbiologie von Präadaptation. Wörtlich bedeutet dieses Wort „Vorausanpassung". Das Fachwort ist daher irreleitend, denn kein Lebewesen kann im „Voraus" an Lebensbedingungen angepasst werden, die es noch gar nicht gibt.
Hinter dem Fachwort verbirgt sich vielmehr der Umstand, dass bereits erworbene Strukturen unter neuen Lebensbedingungen einen besonderen Vorteil haben können, wie etwa Beine und Lungen beim Leben an Land.

AUFGABEN

1. Beschreibe anhand der Eigenschaften der Eier die Entwicklung der Wirbeltiere zu Landtieren.

2. Leite aus Abb. 1 ab, dass Beinflossen und Beine auf eine gemeinsame Stammform zurückgehen, also homolog sind.

https://www.fr-v.de/522002-k2-s27/

Saurier besiedelten alle Lebensräume.

Mit dem Namen *Saurier* verbinden wir vor allem die Dinosaurier. Neben den Dinosauriern gibt es aber eine ganze Reihe anderer Sauriergruppen, z. B. Flugsaurier und Fischsaurier. Alle Saurier gehen auf eine gemeinsame saurierartige Stammart zurück, die auf dem Land lebte.

Dinosaurier

Dinosaurier waren Landtiere, neben den großen gab es auch kleine Arten (Abb. 1). Sie waren die ersten Wirbeltiere, die fähig waren, geschickt und schnell zu laufen. Bei ihren Vorfahren und Verwandten standen die Beine seitlich weg, mit nach oben weisenden Knien und Ellenbogen. Diese konnten nur kriechen. Bei Dinosauriern hingegen standen die Beine unter dem Körper, die Knie zeigten nach vorn und die Ellenbogen nach hinten. Sie konnten daher ähnlich wie Säugetiere laufen, indem die Beine unter dem Körper nach vorn und hinten schwangen (Abb. 2).

Viele Dinosaurier waren wie ihre Vorfahren Fleischfresser, am bekanntesten ist der zweibeinig laufende Tyrannosaurus rex, von dem man allerdings nicht weiß, ob er tatsächlich der gefürchtete Räuber oder nur ein Aasfresser war. Möglicherweise war er, wie heutige Löwen, beides.

Unter den Dinosauriern entwickelten sich Pflanzenfresser, z. T. Riesenformen wie der Brontosaurus.

Befiederte Dinosaurier

Unter den kleinen Dinosauriern gab es einige zweibeinige Arten, die ein Federkleid aus Daunen trugen. Die Federn dienten dazu, die Körperwärme festzuhalten. Diese Dinosaurier waren also gleichwarm. Längere Federn an den Vorderbeinen, wie bei Deinonychus (→ S. 41), dienten

1: Saurier.
1, 2: Flugsaurier;
3: Fischsaurier;
4–12: Dinosaurier, darunter:
4: Entenschnabelsaurier mit Jungen,
5: kleine Laufsaurier,
6: Tyrannosaurus rex,
7: Iguanodon,
8: Brontosaurus,
9: Stegosaurus,
10: Triceratops;
11: Archaeopteryx;
12: Deinonychus

wahrscheinlich dazu, Beutetiere leichter zu ergreifen und festzuhalten.

Archaeopteryx war ein Dinosaurier, der ein perfekt ausgebildetes Fluggefieder hatte und somit fliegen konnte: Er wird daher als Urvogel bezeichnet (→ S. 40). Am Ende der Kreidezeit starben die großen Dinosaurier in einer erdgeschichtlichen Katastrophe aus. Nur kleine gefiederte Arten überlebten: Vögel sind überlebende Dinosaurier, die sich nach der Katastrophe entfalteten (→ S. 19).

Flugsaurier

Schon vor den Vögeln traten die ersten fliegenden Wirbeltiere auf: die Flugsaurier. Es gab große und kleine Formen. Der Körper der kleinen Flugsaurier war dicht mit haarähnlichen Hornschuppen besetzt. Sie waren wahrscheinlich gleichwarm. Die Flugsaurier beherrschten lange Zeit die Lüfte.

Fischsaurier

Viele Saurier lebten im Wasser (→ S. 4). Sie waren keineswegs Vorfahren der landlebenden Saurier, sondern gingen als Landwirbeltiere – wie später die Wale als Säugetiere – zurück ins Wasser.

2: Beinstellung: Bei Schuppenkriechtieren stehen die Beine seitlich am Körper, bei Dinosauriern unter dem Körper.

AUFGABEN

1. **Dinosaurier werden zuweilen als ausgestorbene Kriechtiere bezeichnet. Nimm Stellung dazu.**
2. **Beschreibe die Vielfalt der Saurier als adaptive Radiation (→ S. 14 f.).**

https://www.fr-v.de/522002-k2-s29/

Geschichte hinterlässt Spuren.

1: Seeschildkröten suchen zur Eiablage Sandstrände auf.

Wenn man die Tiere nach den Lebensräumen Wasser, Übergang von Wasser zu Land und Land ordnet (→ S. 24 ff.), dann wird man beispielsweise folgende Tiere so einordnen:
Wale und Seeschildkröten in den Lebensraum Wasser; Krokodile, Sumpfschildkröten und Pinguine in den Lebensraum Übergang Wasser-Land. Sie sind alle jedoch echte Landtiere, die zurück ins Wasser gegangen sind und dort ihre weitere Evolution durchgemacht haben. Kann man sie noch als Landtiere erkennen? Hat ihre Geschichte also Spuren hinterlassen, die wir noch lesen können?

Eiablage an Land

Echte Landtiere legen ihre Eier an Land ab: Das ist eine Spur ihrer Geschichte: An ihr kann man Seeschildkröten (Abb. 1), Krokodile, Sumpfschildkröten und Pinguine als echte Landwirbeltiere erkennen. Echte Landwirbeltiere sind Amniontiere: Ihre Eier enthalten eine Fruchtblase mit einem „Gewässer", in dem der Embryo lebt. Dadurch ist ihre Entwicklung vom Wasser weitgehend unabhängig: Die Embryonen würden in den ins Wasser abgelegten Eiern ersticken, da sie dann nicht genug Sauerstoff bekommen.

Lebende Junge

Wale und Seeschlangen verlassen jedoch das Wasser nicht. Sie legen keine Eier ab, sondern gebären – wie schon früher die Fischsaurier – lebende Junge. Für Fischsaurier und Seeschlangen sind lebende Junge eine Angepasstheit an das Wasserleben.

Steißgeburten

Wale sind *Plazentatiere*. Schon ihre landlebenden Vorfahren brachten lebende Junge zur Welt (→ S. 42 f.). Die Geburt ist jedoch auch bei ihnen eine Angepasstheit ans Wasserleben: Die Jungen werden mit dem Schwanz voran geboren, sodass sie gleich nach der Geburt an die Wasseroberfläche schwimmen und Luft atmen können (Abb. 2). Dieselbe Angepasstheit hatten bereits die Fischsaurer entwickelt (→ S. 4).

AUFGABEN

1. Sumpfschildkröten wurden früher für Amphibien gehalten.
   Erläutere, woran sie als echte Landtiere zu erkennen sind.
2. Begründe, dass Wale echte Landtiere sind.

https://www.fr-v.de/522002-k2-s30/

2: Walgeburt

Auch unter Wasser ging und geht die Evolution weiter.

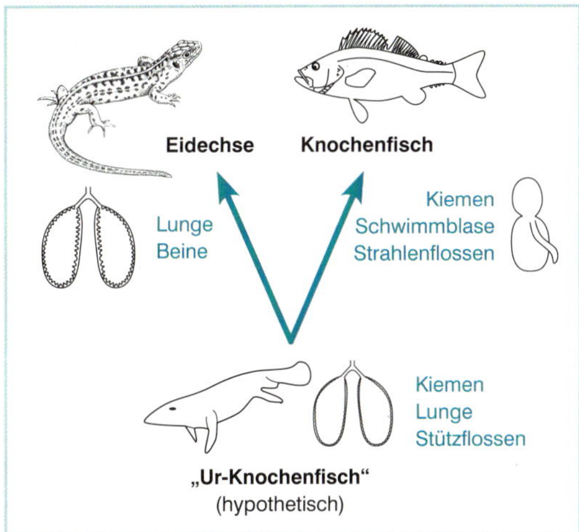

1: Gemeinsamer Vorfahr von Eidechse und Knochenfisch

Beginn am Boden

Fische haben ihre Evolution wahrscheinlich im Flachwasser als Bodenfische begonnen. Sie mussten das Schwimmen ähnlich lernen wie Vögel das Fliegen: Sie hoben sich kurz vom Boden ab und glitten auf ihn zurück.

Schweben im Wasser

Da die Dichte des Fischkörpers größer ist als die des Wassers, sinken Fische ohne weitere Hilfsmittel zu Boden. Durch Luft in der Lunge verringert sich die Dichte des Fischkörpers, sodass er bei entsprechender Füllung im Wasser schweben kann. Fische können sich dann leichter im Wasser bewegen. Die Lunge war der Ausgangspunkt zu einem Neuerwerb moderner Fische, der Schwimmblase, die wegen ihrer Funktion besser Schwebeblase heißen sollte.

Hochleistungsschwimmer

Die Fische, die wir als typische Fische ansehen, sind *Knochenfische* des freien Wassers: gute Schwimmer, wie etwa ein Flussbarsch. Sie sind an ihre Lebensbedingungen ebenso angepasst wie die Landwirbeltiere. Ursprüngliche Bodenfische haben Stützflossen entwickelt. Die Strahlenflossen moderner Knochenfische sind ebenso spezifische Angepasstheiten an das Schwimmen wie die Gliedmaßen an die Fortbewegung an Land (Abb. 1).

ANSICHTEN UND EINSICHTEN

Schwebeblase

Das Schwimmblase genannte Organ der Fische ist ein Abkömmling der Lunge (nicht umgekehrt). Die Körper der Fische haben eine größere Dichte als das umgebende Wasser. Deshalb müssen sie ohne Schwimmblase immer gegen das Absinken anschwimmen. Mit ihrer Schwimmblase können sie schweben: Sie ist also eigentlich eine Schwebeblase. Ein verbreitetes Missverständnis besteht darin, dass die Schwimmblase von Fischen dazu eingesetzt wird, im Wasser auf- und abzusteigen. Das ist nicht richtig. Beim Hochschwimmen dehnt sich die Schwimmblase aus, da der Wasserdruck abnimmt, beim Hinunterschwimmen wird sie zusammengedrückt, da der Wasserdruck zunimmt: Zum Schweben muss beim Abtauchen also Gas in die Schwimmblase aufgenommen, beim Auftauchen aus der Schwimmblase abgegeben werden! Ein Fisch ohne Schwimmblase kann völlig frei die Wasserschichten wechseln, ohne dass sich seine Dichte ändert. Er hat ohne Schwimmblase keinen Nachteil, wenn seine Dichte der des Wassers gleicht. Die heutigen Quastenflosser haben das erreicht, indem ihre Lungen mit Fett gefüllt sind.

AUFGABE

1 Auf S. 23 stehen Fragen.
Beantworte die Fragen so, dass deine Mitschülerin oder dein Mitschüler die Antworten verstehen kann.
Die Informationen in diesem Kapitel können dir dabei helfen.

https://www.fr-v.de/522002-k2-s31/

Stammesgeschichtliche Verwandtschaft

3

Sind alle Dinosaurier ausgestorben?

Stammen die heutigen Wirbeltiere von Dinosauriern ab?

Sind gemeinsame Vorfahren Übergangsformen zwischen den heutigen Arten?

Verläuft eine Stammeslinie wie eine Gerade?

Können heute lebende Arten voneinander abstammen?

Sind Kriechtiere und Lurche ungefähr dasselbe?

Bedeutet das Aufsteigen in einem Stammbaum Höherentwicklung?

Lebewesen sind miteinander verwandt.

1: a) Eisbär und b) Braunbär sind eng verwandte Arten, die sich erst vor etwa 150.000 Jahren getrennt haben. Das ist für die Bildung von so unterschiedlichen Arten eine kurze Zeit!

In der Evolutionstheorie wird angenommen, dass auf der Erde Lebewesen nur einmal entstanden sind. Daraus folgt, dass alle Arten der Lebewesen von einer ersten Art abstammen und daher stammesgeschichtlich miteinander verwandt sind.

Was heißt verwandt?

Die Verwandtschaft innerhalb deiner eigenen Familie kann als Beispiel dafür dienen, was mit stammesgeschichtlicher Verwandtschaft gemeint ist: Verwandtschaft beruht auf gemeinsamen Vorfahren. Im Fall der Stammesgeschichte sind es jedoch keine Elternpaare, sondern Gruppen von Individuen, die sich miteinander fortpflanzen: Die Vorfahren sind Populationen (→ S. 6).

2: Enge und entfernte Verwandtschaft

Zeit
Anne Geschwister Jan Vettern Ben
Eltern
Großeltern
Braunbär Eisbär Panda
letzter gemeinsamer Vorfahr von Braunbär und Eisbär
Vorfahr aller Großbären

Wie in einer Familie, will man bei Arten enge und entfernte Verwandte unterscheiden. Wie eng Arten oder größere systematische Gruppen miteinander verwandt sind, hängt davon ab, wie viele Generationen der letzte gemeinsame Vorfahr entfernt ist. In einer Familie sind Geschwister enge Verwandte, ihre letzten gemeinsamen Vorfahren sind die Eltern, bei Cousins (Vettern) sind es die Großeltern (Abb. 2, links).

Cousins sind im Vergleich zu Geschwistern entfernte Verwandte. Entsprechend sind die Arten Braunbär und Eisbär näher miteinander verwandt als beide mit der Art Großer Panda (Abb. 1; 2, rechts).

Wie kann man stammesgeschichtliche Verwandtschaft feststellen?

Die Evolution der heute existierenden Lebewesen erfolgte meist über Milliarden oder Millionen Jahren. Man kann diese weit zurückliegende Geschichte daher nicht beobachten, sondern nur versuchen, sie zu rekonstruieren.

Merkmale

Merkmale sind die wichtigsten Hilfsmittel, um stammesgeschichtliche Verwandtschaft heute lebender Lebewesen zu erfassen. Gemeinsame Merkmale der Lebewesen belegen, dass sie sehr wahrscheinlich von einer einzigen ersten Population abstammen:

- Lebewesen bestehen aus *Zellen*.
- Lebewesen pflanzen sich durch Zellen fort.
- Lebewesen besitzen in ihren Zellen Erbmaterial aus DNA.
- Das Erbmaterial enthält *Gene*, die die RNA und somit auch Proteine codieren.
- Der *genetische Code* ist bei Lebewesen identisch.

- Die *Proteine* der Lebewesen sind aus etwa 20 Aminosäuren aufgebaut, die sich nur in ihren Resten unterscheiden.
- Die Membranen der Zellen sind ähnlich aufgebaut: In einer Doppelschicht von Lipidmolekülen sind Proteinmoleküle eingebaut *(Biomembranen)*.

Die aufgeführten Kennzeichen der Lebewesen sind ursprüngliche Merkmale. Mit ihnen kann ihre Verwandtschaft erkannt werden, nicht jedoch, welche Gruppen enger oder entfernter miteinander verwandt sind. So kannst du mithilfe des Merkmals „Zellen" nicht entscheiden, ob z. B. der Braunbär mit dem Panda oder dem Eisbären näher verwandt ist. Wenn man Lebewesen nach gemeinsamen Merkmalen in Gruppen einteilt, darf man dabei ursprüngliche Merkmale nicht für ein Zeichen von enger Verwandtschaft halten. Für eine engere Verwandtschaft ist entscheidend, ob ein gemeinsames Merkmal ausschließlich in dieser Gruppe vorkommt. Solche Merkmale nennt man abgeleitete Merkmale. Nur abgeleitete Merkmale können engere Verwandtschaft anzeigen. Säugetiere besitzen beispielsweise besondere Haare, die bei anderen Lebewesen nicht vorkommen: Haare sind ein abgeleitetes Merkmal der Säugetiere. Säugetiere haben Haare, weil der letzte gemeinsame Vorfahr der Säugetiere bereits Haare hatte.

Abgeleitete Merkmale geben jedoch keinen Hinweis auf die engere oder entferntere Verwandtschaft von Untergruppen. Beispielsweise kommt das abgeleitete Merkmal „Haare" bei allen Untergruppen der Säugetiere vor (Plazentatiere, Beuteltiere, Kloakentiere). Für die Untergruppen ist dieses Merkmal daher ursprünglich. Um die engere oder weitere Verwandtschaft der Untergruppen zu bestimmen, muss für jede mindestens ein abgeleitetes Merkmal gefunden werden (→ S. 36).

DNA

Das genetische Material der Lebewesen (DNA) ist ein komplexes biochemisches Merkmal. Mit der *Basensequenz* der DNA können nicht nur Gemeinsamkeiten und Unterschiede zwischen den Lebewesen erfasst werden, sondern auch Prozesse, die zu den Unterschieden geführt haben. Dies gelingt, wenn man anhand der Basensequenzen die wahrscheinliche Abfolge von *Mutationen* feststellen kann. Auf diese Weise erhält man Aussagen zur stammesgeschichtlichen Verwandtschaft und Entwicklung, die die Aussagen, die anhand von Merkmalen gemacht wurden, bestätigen, ihnen widersprechen oder über sie hinausgehen können (→ S. 44).

3: Geografische Verbreitung weist auf Verwandtschaft

Verbreitung

Früher wurden die Bartvögel zu einer Verwandtschaftsgruppe zusammengefasst. Bartvögel leben in Afrika und Südamerika. In Südamerika leben auch Tukane. Nach DNA-Vergleichen sind die amerikanischen Bartvögel näher mit den Tukanen verwandt als mit den afrikanischen Arten, obwohl sie denen viel ähnlicher sehen (Abb. 3). Die Verbreitung ist in diesem Fall ein besserer Hinweis auf Verwandtschaft als die Ähnlichkeit.

Erdgeschichte

Die heutigen Kontinente der Erde sind durch aufeinanderfolgende Trennungen von dem einstigen Gesamtkontinent Pangäa entstanden. Die Trennung kann das Entstehen von Verwandtschaftsgruppen erklären (→ S. 44).

Fossilien

In vielen Fällen können Fossilien und ihre Fundorte die Evolution und damit die Verwandtschaft von Lebewesen aufklären. Ein Beispiel ist die Evolution der Wale (→ S. 42 f.).

Arten werden nach ihrer Verwandtschaft in Gruppen geordnet.

Beim Ordnen von Arten in Gruppen entsteht als Ergebnis ein System der Lebewesen. Den Wissenschaftszweig bezeichnet man als Systematik. Der Vater der biologischen Systematik ist Carl von Linné (1707–1778). Er ordnete Pflanzen und Tiere nach ausgewählten Merkmalen zu einem „System der Natur“. Linné glaubte an die Schöpfung der Arten und war überzeugt, dass sich Lebewesen nur sehr begrenzt verändern. Er rechnete also nicht damit, dass Lebewesen von gemeinsamen Vorfahren abstammen. Heute soll das System jedoch angeben, wie eng oder entfernt die Lebewesen stammesgeschichtlich miteinander verwandt sind. Das heutige natürliche System enthält immer noch etliche Gruppen, die schon Linné einführte, weil er seine Merkmale schon so geschickt wählte, dass sie über Verwandtschaft Auskunft geben.

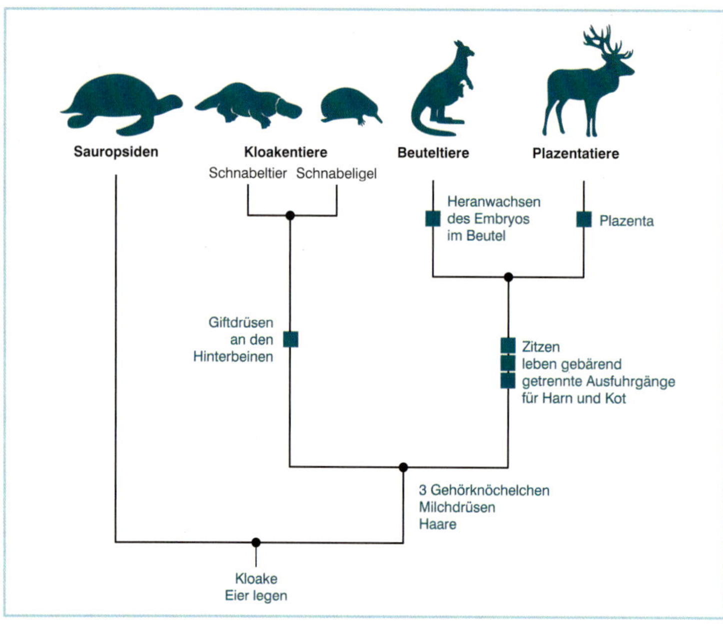

1: Verwandtschaft der Säugetiere. Blaue gefüllte Kästchen: von der Gruppe erworbene, also abgeleitete Merkmale der Gruppe: innerhalb der jeweiligen Gruppe sind sie ursprünglich. Schwarz gefüllte Kreise: letzter gemeinsamer Vorfahr, also Stammart aller vom Kreis abzweigenden Gruppen.

Ordnen nach Verwandtschaft

Für ein Verwandtschaftssystem muss man aber beachten, welche Merkmale für die betreffende Gruppe ursprünglich und welche abgeleitet sind (→ S. 35). Dazu vergleicht man sie mit einer Außengruppe: In Abb. 1 sind das die übrigen Amniontiere (Sauropsiden, → S. 40). Im Vergleich dazu sind für Säugetiere Haare ein abgeleitetes Merkmal, sie kommen bei Sauropsiden nicht vor.

Verwandtschaftsgruppen

Im System der Lebewesen sollen die gebildeten Gruppen Verwandtschaftsgruppen, d. h. Abstammungsgemeinschaften, sein. Wichtig ist dabei, dass man eine vollständige Verwandtschaftsgruppe betrachtet. Zu einer vollständigen Verwandtschaftsgruppe (Abstammungsgemeinschaft) gehören alle heute lebenden Arten sowie ihr letzter gemeinsamer Vorfahr. Auch alle vom letzten gemeinsamen Vorfahr abstammenden fossilen Arten gehören zur selben Verwandtschaftsgruppe.

Säugetiere sind eine Verwandtschaftsgruppe. Neben den Haaren besitzen sie noch viele weitere abgeleitete Merkmale, wie z. B. drei Gehörknöchelchen und Ohrmuscheln (Abb. 1).
Für die Untergruppen (Plazentatiere, Beuteltiere und Kloakentiere) sind diese Merkmale ursprünglich. Sie können nicht klären, wie eng die genannten Untergruppen miteinander verwandt sind und, ob sie überhaupt Verwandtschaftsgruppen bilden. Dazu helfen ausschließlich diejenigen Merkmale, die jeweils nur eine der Untergruppen besitzt. Diese Merkmale sind abgeleitete Merkmale der jeweiligen Untergruppe (Abb. 1).
Es ist besonders zu beachten, dass die Merkmale Eierlegen und Kloake nicht anzeigen, ob die Kloakentiere, also Schnabeltier und Schnabeligel,

2: Neunauge und Flussaal bilden eine Ähnlichkeitsgruppe; Flussaal und Grauhörnchen gehören zur Verwandtschaftsgruppe Kiefermünder.

eng miteinander verwandt sind. Diese Merkmale sind nicht eigentümlich für Kloakentiere. Kloaken haben u. a. auch Vögel. Kloake und Eierlegen sind ursprüngliche Merkmale der Wirbeltiere. Lediglich eine kompliziert gebaute Giftdrüse an den Hinterbeinen zeigt, dass die Kloakentiere eng miteinander verwandt sind: Die Giftdrüse wird als gemeinsames abgeleitetes Merkmal der Kloakentiere angesehen (Abb. 1).

Ähnlichkeitsgruppen

Wenn sich Tiere ähneln, müssen sie nicht nahe miteinander verwandt sein. Sie bilden dann nur eine Ähnlichkeitsgruppe. Solche Gruppen sind keine Verwandtschaftsgruppen, d. h. sie stammen nicht aus einer, sondern aus mehreren Abstammungslinien: Sie haben verschiedene letzte gemeinsame Vorfahren.

Eine solche Ähnlichkeitsgruppe bilden beispielsweise die Fische. Sie ähneln sich dadurch, dass sie wasserlebende, wechselwarme Wirbeltiere sind, die durch Kiemen atmen. Diese Merkmale sind für Wirbeltiere ursprünglich. Der gemeinsame Besitz von ursprünglichen Merkmalen ist kennzeichnend für Ähnlichkeitsgruppen. Sie täuschen enge Verwandtschaft nur vor: Die kieferlosen Fische, wie die Neunaugen, und die Fische mit Kiefern (Kiefermünder), wie der Flussaal, gehören verschiedenen Stammeslinien an (→ S. 27, Abb. 2). Sie bilden eine Ähnlichkeitsgruppe (Abbildung 2, Mitte und links).

Die Kiefermünder, zu denen neben den Fischgruppen mit Kiefern auch die Landwirbeltiere gehören, sind dagegen eine Verwandtschaftsgruppe: Sie haben das abgeleitete Merkmal „Kiefer“ gemeinsam. Der Flussaal ist daher mit Säugetieren wie dem Grauhörnchen näher verwandt als mit den Neunaugen (Abb. 2, Mitte und rechts).

ANSICHTEN UND EINSICHTEN

Merkmale und Verwandtschaft

Häufig werden Tiere und Pflanzen nach Merkmalen geordnet. Man beachte dabei: Säugetiere sind nicht Säugetiere, weil sie Haare besitzen, Vögel sind nicht Vögel, weil sie Federn haben. Es gilt die umgekehrte Schlussfolgerung: Säugetiere haben Haare, weil sie Säugetiere sind; Vögel haben Federn, weil sie Vögel sind. Haare und Federn sind als Merkmale lediglich Hilfsmittel dafür, die Zugehörigkeit eines Lebewesens zu den Säugetieren bzw. Vögeln zu erkennen.

Die Gruppen des Systems der Lebewesen werden also nicht durch die Merkmale gebildet, sondern durch gemeinsame Abstammung. Die gemeinsame Abstammung, also die stammesgeschichtliche Verwandtschaft, erklärt den Besitz von gemeinsamen Merkmalen. Umdrehen lässt sich der Satz nicht: (Abgeleitete) Merkmale erklären nicht die Abstammung, sondern setzen sie voraus. Abgeleitete Merkmale sind das Ergebnis von gemeinsamer Abstammung.

AUFGABEN

1 Erläutere, inwiefern Fische eine Ähnlichkeitsgruppe sind.

2 Linné wusste nichts von Evolution. Erkläre, wie er dennoch Gruppen des Systems aufstellen konnte, von denen einige heute noch gelten.

3 Gib mithilfe der Abbildung 2 auf Seite 27 an, welche der dargestellten Gruppen vollständige Verwandtschaftsgruppen, welche unvollständige Verwandtschaftsgruppen und welche Ähnlichkeitsgruppen sind.

https://www.fr-v.de/522002-k3-s37/

Stammbäume sind Hypothesen zum Verlauf der Stammesgeschichte.

Geschichte und Verwandtschaft von Lebewesen werden oft anschaulich als Stammbaum dargestellt. Es ist wichtig, solche Stammbäume richtig zu lesen: Jede Linie eines Stammbaums steht für eine Stammeslinie, die von anderen getrennt ist. Knoten stehen für den letzten gemeinsamen Vorfahren zweier Stammeslinien, die sich hier in zwei neue Stammeslinien aufspalten. Da der Stammbaum die Evolution abbilden soll, hat ein Stammbaum stets eine Zeitachse. In Stammbäumen werden auf diese Weise begründete Vermutungen zur Aufspaltung von Arten oder Gruppen von Lebewesen anschaulich zusammengefasst. Bei neuen Erkenntnissen werden die zuvor aufgestellten Stammbäume verändert.

Stammbaumdarstellungen

Für die Anordnung der genannten Elemente eines Stammbaums gibt es mehrere Möglichkeiten:

Gabeln oder Klammern

Die Aufspaltung in zwei Stammeslinien kann entweder als eine Gabel (wie eine Astgabel) (Abb. 1, links) oder als eine rechtwinkelige Klammer gezeichnet werden (Abb. 1, rechts). Ob man Gabeln oder Klammern für einen Stammbaum wählt, ist oft Geschmackssache. Bei Klammern ist die Darstellung der Verwandtschaft übersichtlicher als bei Gabeln. Gabeln veranschaulichen dafür den Prozess der allmählichen Entwicklung besser als Klammern.

Drehung an Knoten

Stammbäume können an jedem Knoten gedreht werden, ohne dass sich ihre Aussage zur Verwandtschaft ändert (Abb. 1 rechts). Es kommt für die Aussage der Verwandtschaft also nicht darauf an, welche Arten oder Gruppen als Nachbarn nebeneinanderstehen, sondern allein darauf, durch welche Gabel oder Klammer sie zusammengefügt werden. Das gibt nämlich an, welchen gemeinsamen Vorfahren sie haben.

Nur dann, wenn eine Stammeslinie im geänderten Stammbaum von einer anderen Gruppe abzweigt, also ein gemeinsamer Vorfahr mit einer anderen Gruppe angenommen wird, ändert sich damit die Verwandtschaftsaussage. Das ist beim Drehen an einem Knoten nicht der Fall.

Lage der Zeitachse

In Abbildung 1 verläuft die Zeitachse der Stammbäume von unten nach oben. Diese Anordnung wird leicht so gedeutet, als handle es sich um eine Höherentwicklung, an deren Spitze die gegenwärtigen Arten oder Gruppen stehen. Oben stehen alle heute lebenden Arten allerdings auf derselben Höhe nebeneinander, sodass sie (mit Recht) als gleich hoch entwickelt erscheinen.

In Abbildung 2 ist der Stammbaum von Abbildung 1, rechter Teil, um 90 Grad gedreht. Die Zeitachse verläuft hier also von links nach rechts. Die Stammeslinien verlaufen jetzt nicht nebeneinander, sondern untereinander, wobei

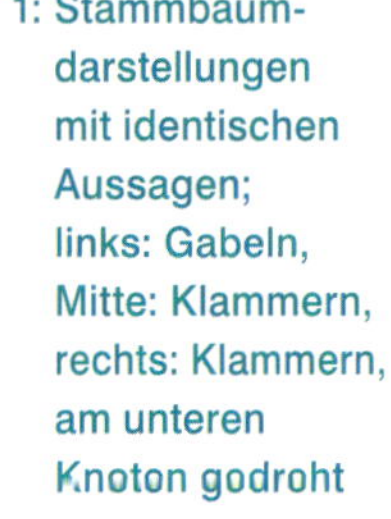
1: Stammbaumdarstellungen mit identischen Aussagen; links: Gabeln, Mitte: Klammern, rechts: Klammern, am unteren Knoten gedreht

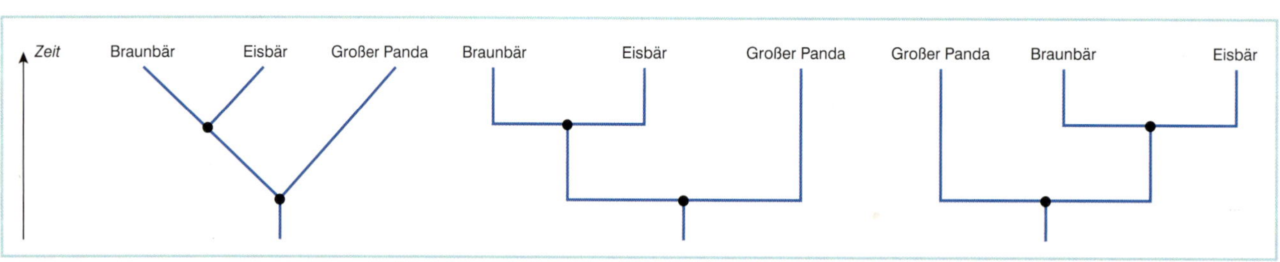

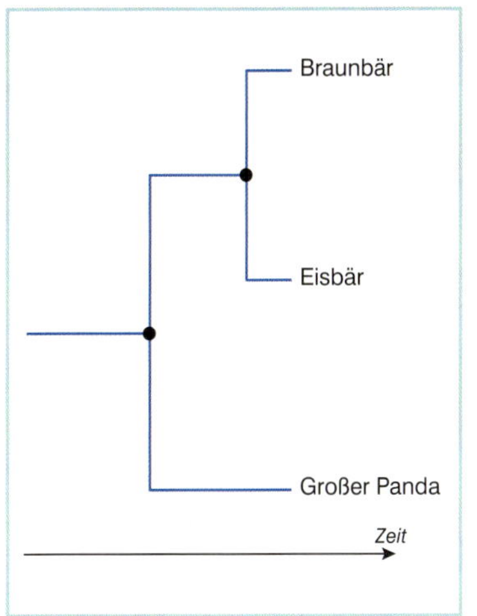

2: Stammbaum mit waagerechter Zeitachse

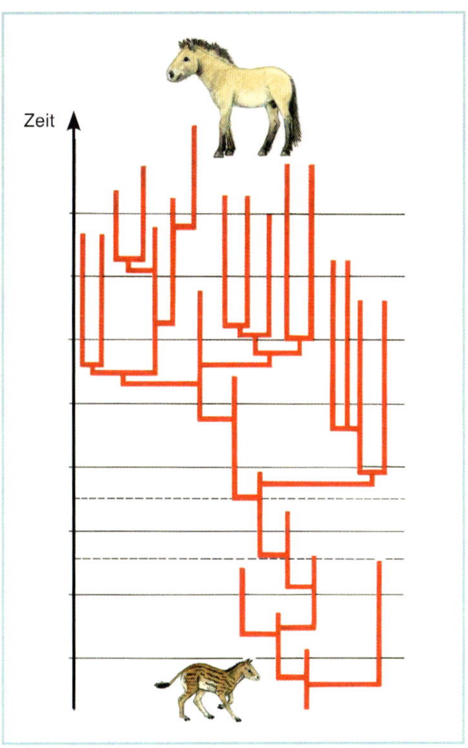

3: Stammbaum der Pferde. Ausgehend von Hyracotherium (Eohippus), gibt es zahlreiche verzweigte Stammeslinien, von denen nur eine Gattung (Equus) übrig geblieben ist.

die älteste meistens oben, die jüngste meistens unten gezeichnet wird. Die Aussagen des Stammbaums zur Verwandtschaft ändern sich dadurch nicht: Die Verwandtschaft der Arten oder Gruppen und die Aufspaltung in die Stammeslinien sind dieselben wie in Abbildung 1. Mit der waagerechten Zeitachse will man den Eindruck einer Höherentwicklung vermeiden (→ S. 13).

Verzweigungen

Das Prinzip stammesgeschichtlicher Entwicklung ist nicht eine gerade Stammeslinie, sondern die Verzweigung in viele verschiedene Stammeslinien. Wenn heute nur noch eine Gattung wie beim Pferd (Equus), beim Menschen sogar nur noch eine Art (Homo sapiens) existiert, kann man leicht dazu irregeleitet werden, dass eine einzige Stammeslinie direkt zum heutigen Ergebnis führt. Die Evolution des Pferdes wurde z. B. häufig so dargestellt. Man nahm an, dass die Verminderung der Anzahl von fünf Zehen auf eine Zehe und die Größenzunahme Teil einer stetigen Aufwärtsentwicklung in der Stammeslinie des Pferdes sind. Tatsächlich gab es in der Evolution der Pferde jedoch zu unterschiedlichen Zeiten größere und kleinere sowie mehrzehige Arten. Auch im Stammbaum der Pferde gibt es nicht eine durchgehende Linie, sondern zahlreiche Verzweigungen mit vielen Formen und Lebensweisen (Abb. 3). Es fanden mehrfach adaptive Radiationen statt (→ S. 14 f.).

WÖRTER UND BEGRIFFE

Baumdiagramme

Bei Merkmalsvergleichen (einschließlich reinen DNA-Vergleichen) oder zeitlich nicht datierten Annahmen zur Aufspaltung von Stammeslinien ist es üblich, Baumdiagramme (Dendrogramme) zu zeichnen. Sie haben keine Zeitachse.
Sie werden umgangssprachlich als Stammbäume bezeichnet, obwohl sie zuweilen nur Ähnlichkeiten abbilden.

AUFGABEN

1 **Erörtere die verschiedenen Stammbaumdarstellungen und gib Vor- und Nachteile der jeweiligen Darstellung an.**

2 **Zeichne den Stammbaum von Abbildung 1 links so, dass er an beiden Knoten gedreht ist.**

3 **Manchmal werden Veränderungen und Unsicherheiten in Stammbäumen als Argument gegen die Gültigkeit der Evolutionstheorie angeführt. Nimm Stellung dazu.**

https://www.fr-v.de/522002-k3-s39/

Reptilien sind eine unvollständige Gruppe.

Die heutigen Wirbeltiere werden traditionell in die Klassen Fische, Amphibien, Reptilien, Säugetiere und Vögel unterteilt. Fische sind eine Ähnlichkeitsgruppe aus mehreren Verwandtschaftsgruppen (→ S. 27, Abb. 2). Unter den Landwirbeltieren bilden Amphibien, Säugetiere und Vögel jeweils eine vollständige Verwandtschaftsgruppe (→ S. 27). Auf Reptilien trifft das nicht zu.

2: Rekonstruiertes Lebensbild von Archaeopteryx

Sauropsiden

Innerhalb der heute lebenden Reptilien werden die Gruppen der Schildkröten, Schuppenechsen und Krokodile unterschieden. Sie alle sind vollständige Verwandtschaftsgruppen. Aber den Reptilien fehlt eine Gruppe, um vollständig zu sein: Die Krokodile sind nämlich mit den Vögeln näher verwandt als mit den übrigen Reptilien. Ohne die Vögel sind Reptilien keine vollständige Abstammungsgemeinschaft. Vögel und Reptilien bilden erst zusammen die vollständige Verwandtschaftsgruppe der *Sauropsiden*.

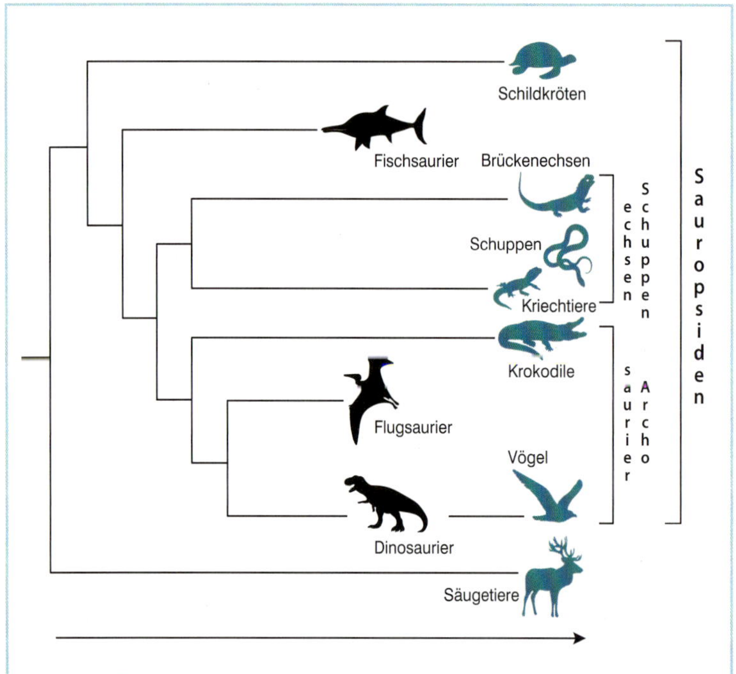

1: Stammbaum der Amniontiere

Amniontiere

Wenn man die heutigen Sauropsiden und die fossilen Saurier zusammen betrachtet, so muss man die Verwandtschaftsgruppe auf alle echten Landtiere ausdehnen. Sie stammen von einem gemeinsamen Saurier-Vorfahren ab. Als abgeleitetes Merkmal besitzen sie das Amnion: Sie bilden die Verwandtschaftsgruppe der Amniontiere (→ S. 27). Innerhalb der Amniontiere gibt es zwei (große) vollständige Verwandtschaftsgruppen: Die Sauropsiden und die Säugetiere (Abb. 1).

Dinosaurier

Die Vögel müssen direkt in die Gruppe *Dinosaurier* eingeordnet werden, sonst ist diese Verwandtschaftsgruppe unvollständig: Dinosaurier sind also nicht alle ausgestorben, die Vögel sind überlebende Dinosaurier. Das Merkmal, das sie unter den heutigen Wirbeltieren kennzeichnet, die Federn, besaßen bereits einige Dinosaurier (Abb. 3).

3: Deinonychus: ein befiederter Laufsaurier (Rekonstruktion im Naturhistorischen Museum Wien)

Der sogenannte Urvogel Archaeopteryx (Abb. 2) war ein Dinosaurier, der bereits ein modernes Fluggefieder besaß und daher zum aktiven Ruderflug fähig war. Er ist also keine Übergangsform zwischen heutigen Reptilien und Vögeln, sondern eine Übergangsform von gefiederten, nicht flugfähigen Dinosauriern (Abb. 3) zu fliegenden Dinosauriern: den heutigen Vögeln.

4: Feuersalamander und Zauneidechse

ANSICHTEN UND EINSICHTEN

Kriechtiere

Kriechtiere ist die deutsche Bezeichnung für Reptilien. Der Begriff ist irreführend, denn viele Menschen nehmen den Namen wörtlich und halten daher Schnecken und Regenwürmer für Kriechtiere (→ S. 44). Weil sie eine ähnliche Körpergestalt haben und kriechen, werden Salamander häufig für Eidechsen gehalten (Abb. 4), Salamander sind jedoch Amphibien, Eidechsen sind Schuppenkriechtiere.

Selbst in der Wissenschaft wurden die kriechenden Wirbeltiere, d. h. sowohl Amphibien wie Reptilien, lange Zeit zu einer Ähnlichkeitsgruppe zusammengefasst, die meist Reptilien genannt wurde. Dabei war auch damals schon lange bekannt, dass Amphibien sich ganz anders entwickeln als Reptilien: Amphibien mit Larven im Wasser, Reptilien mit an Land abgelegten Eiern, aus denen fertige Jungtiere schlüpfen. Dennoch wurden sie erst 1868 vom Verfechter der Evolutionstheorie, Ernst Haeckel, in zwei Gruppen getrennt.

Unter den Sauropsiden tragen die Schuppenkriechtiere ihren Namen zu Recht. Dinosaurier als Kriechtiere zu bezeichnen, ist dagegen widersinnig: Sie sind die ersten richtigen Lauftiere (→ S. 29).

AUFGABEN

1 Begründe, weshalb in der modernen Systematik die Gruppe Sauropsiden gebildet wird.

2 Erläutere, ob es sich bei den Bartvögeln (→ S. 35) um eine vollständige Verwandtschaftsgruppe oder eine Ähnlichkeitsgruppe aus mehreren Stammeslinien handelt.

3 Überlege, welche der folgenden Aussagen zutrifft und begründe dies:
- Vögel stammen von den Dinosauriern ab.
- Vögel sind Dinosaurier.

https://www.fr-v.de/522002-k3-s41/

Wale sind Paarhufer.

Bereits Carl von Linné (1707–1778) erkannte, dass Wale keine Fische, sondern Säugetiere sind. Dennoch wurden sie zunächst selbst von Linné zu den Fischen gestellt. Dabei war ihm bekannt, dass Wale ihre Jungen säugen. Die äußerliche Ähnlichkeit mit den Fischen überzeugte auch die Wissenschaftler lange Zeit mehr als der Bau der inneren Organe und die Fortpflanzung. Auch als die Wale als Säugetiere erkannt waren, blieb ihre Verwandtschaft und Abstammung zunächst noch rätselhaft, denn man fand lange Zeit nur Walfossilien, die schon Wassertiere waren. Wie sahen die Vorfahren der im Wasser lebenden Wale aus und welche Säugetiere sind ihre nächsten Verwandten? Anhand einer Reihe von Fossilfunden konnte die Abstammung der Wale fast lückenlos aufgeklärt werden.

Walfossilien

Die ältesten Wale waren Landtiere. Sie lebten vor etwa 70 Millionen Jahren. Ein Glücksfall stellte ein fossiles Walskelett dar: An ihm konnte das typische Fußgelenk der Paarhufer erkannt werden. Seitdem steht fest: Die Vorfahren der Wale sind Paarhufer. Die fossilen Wale zeigen uns, wie über die Dauer von 30 Millionen Jahren die Schritte zum Wasserleben erfolgten. Auf den über Land laufenden Pakicetus, folgte Ambulocetus, der amphibisch im Wechsel zwischen Wasser und Land lebte, während Rhodocetus ähnlich wie eine Robbe bereits vorwiegend im Wasser lebte. Durodon war schließlich auf das Wasserleben beschränkt (Abb. 1).

DNA-Vergleiche der Paarhufer

DNA-Vergleiche zwischen heute lebenden Paarhufern zeigen, dass die Flusspferde die nächsten heute lebenden Verwandten der Wale sind. Damit ist die Verwandtschaftsgruppe der Paarhufer ohne die Wale unvollständig: Wale sind ein Teil der Verwandtschaftsgruppe Paarhufer. Obwohl die heutigen Wale nur noch zu Flossen umgestaltete Vorderbeine haben und allenfalls Knochenrudimente der Hinterbeine, sind Wale dennoch Paarhufer (Abb. 2, → S. 44).

Verwandtschaft der Walgruppen

Üblicherweise werden die Wale in Zahnwale und Bartenwale eingeteilt. Zahnwale, wie beispielsweise Delfine, haben einfache Wirbeltierzähne. Bartenwalen haben sie nur als Embryo. Der Blauwal (Abb. 4) ist wegen seiner Größe wohl der bekannteste Vertreter der Bartenwale. Das größte Tier der

1: Evolution der Wale

Ambulocetus

Rhodocetus

Pakicetus

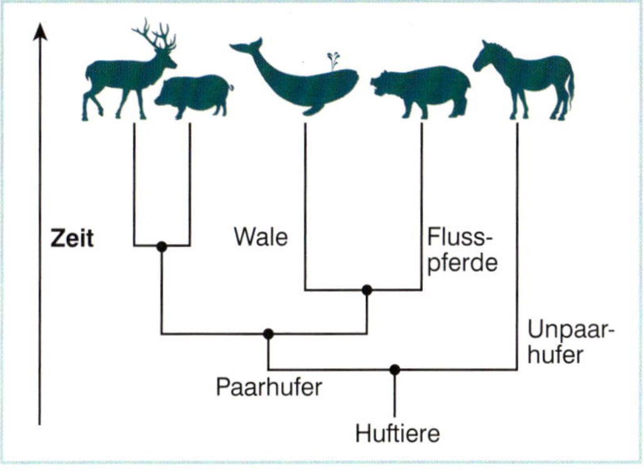

2: Anhand von DNA-Vergleichen aufgestellter Stammbaum der Huftiere

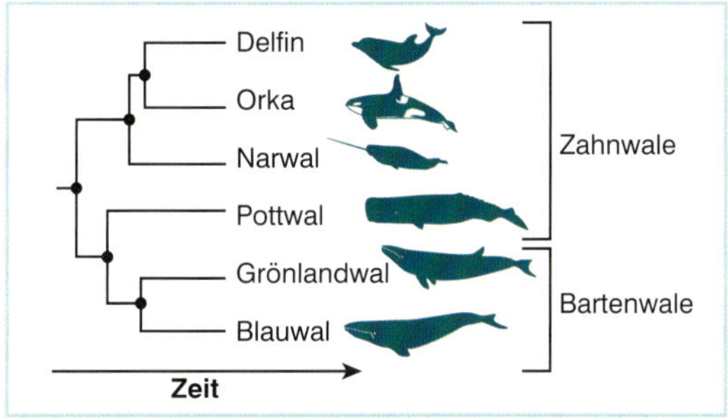

3: Anhand von DNA-Vergleichen aufgestellter Stammbaum der Walgruppen (es gibt mehr als die abgebildeten Arten)

4: Mit bis zu 33 Metern Länge und einem Gewicht bis zu 200 Tonnen ist der Blauwal das größte Tier, das je auf der Erde gelebt hat: größer und schwerer als jeder Dinosaurier.

Erde ernährt sich von Kleinorganismen des Planktons. Kennzeichnend für die Gruppe der Bartenwale sind dicht stehende, aus Horn bestehende Barten. Sie sind gut geeignet, Kleinorganismen aus dem Meer zu filtern.

Der Besitz von Barten ist ein abgeleitetes Merkmal der Bartenwale. Die Bartenwale sind eine vollständige Verwandtschaftsgruppe.

DNA-Vergleiche zeigen, dass die zu den Zahnwalen gerechneten Pottwale mit den Bartenwalen näher verwandt sind als mit den übrigen Zahnwalen (Abb. 3).

Die Zahnwale sind also keine Verwandtschaftsgruppe, sondern eine Ähnlichkeitsgruppe. Zähne sind ein ursprüngliches Merkmal der Kiefermünder, also auch der Wale.

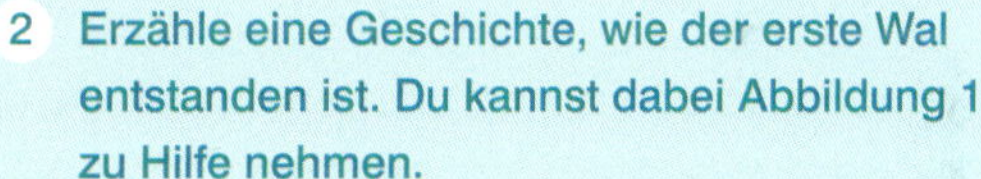

AUFGABEN

1 Begründe, dass Wale nicht zu den Fischen gerechnet werden.

2 Erzähle eine Geschichte, wie der erste Wal entstanden ist. Du kannst dabei Abbildung 1 zu Hilfe nehmen.

3 Erkläre anhand von ursprünglichen und abgeleiteten Merkmalen (→ S. 35), dass die Zahnwale eine Ähnlichkeitsgruppe sind (Abb. 3).

https://www.fr-v.de/522002-k3-s43/

Namen sind keine Definitionen.

1: Der Delfin ist ein Paarhufer und ein echtes Landtier.

Manchen mag es abwegig erscheinen, dass Tiere mit Flossen wie der Delfin, der zu den Walen gehört, Paarhufer sein sollen. Man sollte jedoch beachten, dass die Namen der Gruppen der Lebewesen (auch die Artnamen) keine Definitionen sind. Eine Alpenrose ist keine Rose und ein Ameisenlöwe ist kein Löwe.

Definitionen geben die Merkmale eines Begriffs an. So kann man die Säugetiere dadurch definieren, dass sie Haare besitzen. Ihr Name aber gibt an, dass sie säugen. Das machen aber nur die Weibchen, auf die Männchen trifft der Name also nicht zu.

Abweichende Gruppenmitglieder

Abänderung ist ein Prinzip der Evolution (Divergenz, → S. 10). So gehören die Wale als Amniontiere zu den echten Landtieren (Abb. 1). Die Gruppen des Systems der Lebewesen werden meistens nach typischen Vertretern benannt. In einer Verwandtschaftsgruppe gibt es jedoch aufgrund der Evolution häufig stark abgewandelte Untergruppen und Arten, für die jene Merkmale, die im Namen genannt sind, nicht zutreffen.

Blindschleichen sind Eidechsen. Sie gehören wie die anderen Eidechsenarten und auch die Schlangen zu den Vierfüßern, obgleich sie keine Gliedmaßen haben (Abb. 2). Die Gruppe der Vierfüßer umfasst alle Landwirbeltiere, also Amphibien und Amniontiere.

Nach demselben Grundsatz, nach dem die Wale zu den Paarhufern gehören, werden die Vögel zu den Dinosauriern gerechnet, obwohl sie uns kaum noch an die Donnerechsen erinnern (Abb. 3, → S. 40 f.).

Auch auf uns selbst trifft das Prinzip zu, nach der Gruppenzugehörigkeit benannt zu werden. Nach den Regeln biologischer Systematik ist der Mensch ein Menschenaffe (→ S. 54).

2: Die Blindschleiche ist ein Vierfüßer.

3: Das Rotkehlchen ist ein Dinosaurier.

Die Fische bilden eine Ähnlichkeitsgruppe. Die Knochenfische bilden jedoch eine Verwandtschaftsgruppe. Aus einer ihrer Teilgruppen sind die Landwirbeltiere entstanden: Es sind die Fleischflosser, zu denen auch die Lungenfische und Quastenflosser gehören (→ S. 27, Abb. 2). Nach der Logik der biologischen Systematik sind die Landwirbeltiere Fleischflosser. Daher ist auch der Mensch ein Fleischflosser. Scherzhaft sagt der Volksmund: „Nimm deine ‚Flossen' weg!", und trifft damit etwas Wahres (Abb. 4).

4: Manche möchten den Menschen nicht als Tier bezeichnen. Er ist jedoch ein Menschenaffe und ein Fleischflosser.

Irreleitende Namen

Manche Namen von systematischen Gruppen leiten in die Irre, da sie im Wortsinn auch auf Angehörige anderer Tiergruppen zutreffen können. So heißt der Name einer systematischen Gruppe der Säugetiere „Insektenfresser". Zu dieser Gruppe gehören Igel, Maulwurf und Spitzmaus. Sie fressen nicht einmal vorwiegend Insekten, das tun aber Säugetiere, die einer anderen Gruppe angehören, z. B. Erdferkel und Springrüssler (→ S. 47).

Raubfische nennt man Fische, die große Beutetiere fressen, beispielsweise andere Fische. Sie sind aber keine „Raubtiere", denn so wird in der biologischen Systematik nur eine Gruppe fleischfressender Säugetiere genannt. Auch ein Krokodil ist daher kein „Raubtier", obgleich es jedes große Tier verspeist, das es erbeuten kann (Abb. 5).

Zu den Namen, die irreleiten, gehört auch die Bezeichnung „Kriechtiere" (Abb. 6, → S. 41).

5: Das Krokodil ist kein Raubtier. Raubtiere sind eine systematische Gruppe der Säugetiere.

6: Schnecken sind keine Kriechtiere.

AUFGABEN

1 Landwirbeltiere sind Fleischflosser. Begründe, dass Landwirbeltiere trotzdem nicht als Fische bezeichnet werden.

2 Erörtere die Frage, ob der Mensch ein Tier ist. Berücksichtige dabei die Angaben zur Eigenart des Menschen (→ S. 49).

3 Erkläre, dass die Elefantenspitzmaus (→ S. 47, Abb. 2: 5) keine Spitzmaus und kein Insektenfresser ist, obwohl sie Insekten frisst.

https://www.fr-v.de/522002-k3-s45/

Die Verwandtschaft der Säugetiere bezeugt das Driften der Kontinente.

Aufgrund von DNA-Vergleichen kann man vier große Stammeslinien der *Plazentatiere* unterscheiden (Abb. 1, links). Verblüffend ist, wie gut die so ermittelte Aufspaltung der Plazentatiere zur Aufspaltung der Kontinente in der Erdgeschichte passt. Auf den Kontinenten waren die jeweiligen Gruppen der Plazentatiere gleichsam auf riesigen Inseln räumlich voneinander getrennt. Die geografische Isolation ermöglichte, dass die vier Stammeslinien auf den vier Kontinenten durch adaptive Radiationen (→ S. 14 f.) jeweils zahlreiche Formen entwickeln konnten, die sich jeweils auch auf andere Kontinente ausbreiteten und die Vielfalt der heutigen Plazentatiere bildeten.

Für die Ausgangsform der Plazentatiere hält man kleine insektenfressende Tiere vom Typ Spitzmaus. Es ist deshalb interessant, dass in allen vier Stammeslinien Gruppen vorkommen, die

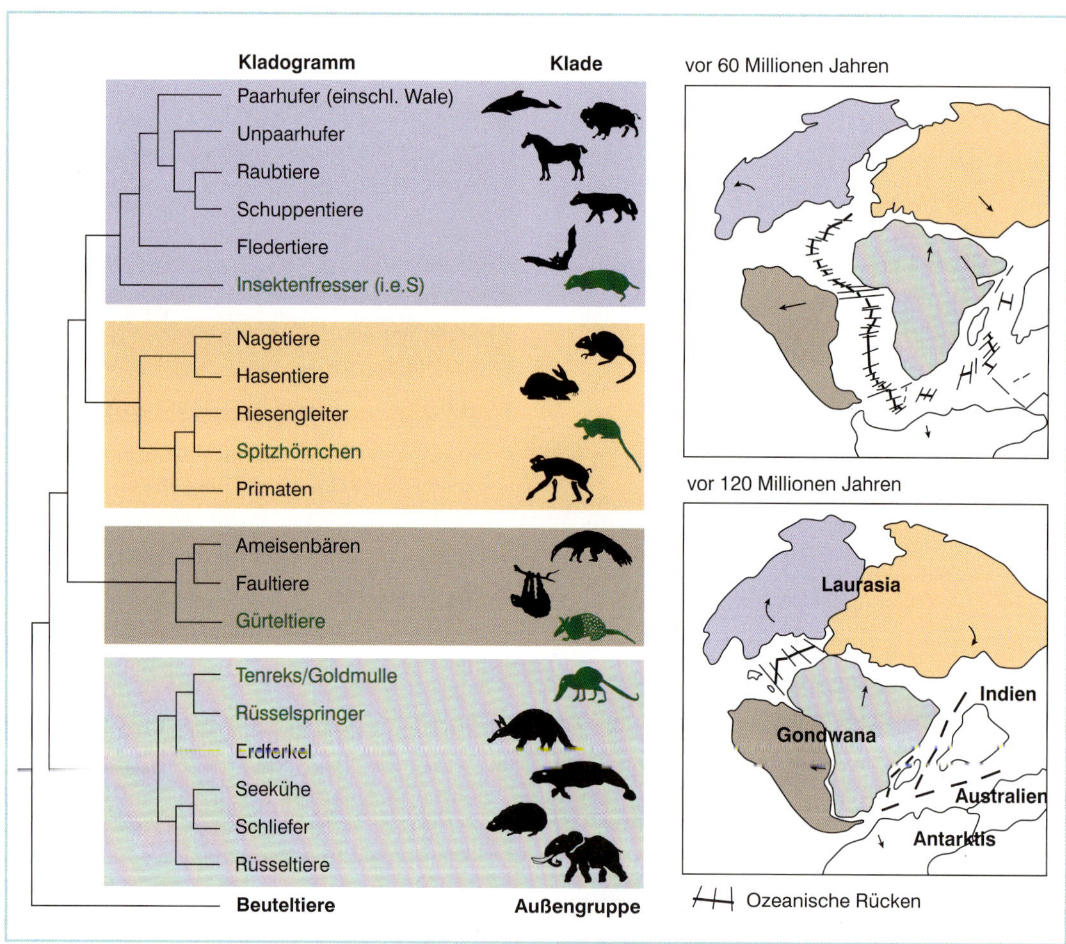

1: Die Aufspaltung der großen Stammeslinien der Plazentatiere entspricht der Abfolge des Auseinanderdriftens der Kontinente: Afrika und Südamerika und beide Teile von Laurasia. Grau: Afrikatiere, braun: Zahnarme, gelb: Nagetier- und Primatenverwandte, violett: Verwandtschaftsgruppe der übrigen Plazentatiere. Grüne Tiersymbole: Insektenfresser und ähnliche Formen in den anderen Stammeslinien

2: Vertreter der afrikanischen Stammeslinie (Afrotheria).
1: Afrikanischer Elefant,
2: Klippschliefer;
3: Erdferkel,
4: Seekuh,
5: Elefantenspitzmaus (gehört zu den Rüsselspringern)

diesen Typ bewahrt haben. In Abbildung 1 sind diese Gruppen grün markiert.
In der Stammeslinie von Afrika existieren unter den heutigen Tieren besonders unterschiedliche Gruppen, deren Verwandtschaft zum Teil anatomisch, bei einigen Gruppen durch DNA-Vergleiche nachgewiesen wurde. Sie sind wahrscheinlich nur die Reste einer noch umfangreicheren adaptiven Radiation (Abb. 2).

ANSICHTEN UND EINSICHTEN

Kontinentaldrift

Als Alfred Wegener um 1915 seine Theorie der Kontinentaldrift vortrug, wurde dies verspottet, weil man sich die Kontinente nur als felsenfest verankert an einem Ort vorstellte. Inzwischen ist Wegeners Theorie belegt: Die Kontinente weichen auch heute noch messbar auseinander: An Ozeanischen Rücken tritt Lava aus und bildet neuen Meeresboden, sodass sich die Bodenplatten an den Rändern der Kontinentalplatten unter sie schieben und die Kontinentalplatten dabei auseinanderdrücken.

AUFGABEN

1 **Beschreibe, inwiefern die Abspaltung der Kontinente mit der Verwandtschaft der Stammeslinien übereinstimmt.**

2 **Erkläre, welche Rolle die geografische Isolation bei der adaptiven Radiation spielt. Wende deine Erklärung auch auf die Beispiele auf S. 14 f. an.**

3 **Auf S. 33 sind einige Fragen zusammengestellt. Beantworte diese Fragen so, dass eine Schülerin oder ein Schüler aus einer Parallelklasse deine Aussagen verstehen kann. Die Seiten dieses Kapitels können dir dabei helfen.**

https://www.fr-v.de/522002-k3-s47/

Evolution des Menschen

4

Nimmt der Mensch eine Sonderstellung in der Natur ein?

Ist der Mensch das am höchsten entwickelte Lebewesen?

Stammt der Mensch vom Affen ab?

Warum haben Schimpansen sich nicht zum Menschen entwickelt?

Ist der Mensch das Ziel der Evolution?

Sind Menschen anderer Herkunft wesensmäßig verschieden?

Gab es mehrere Menschenarten?

Früher gab es mehrere Menschenarten.

1: Begegnung zweier Menschenarten: Neandertaler lassen eine Gruppe von Homo sapiens mit Beute durch ihr Gebiet ziehen.

Die heute lebenden Menschen gehören nur zu einer einzigen Art (Homo sapiens). Diese Art besiedelt die ganze Erde. Das war nicht immer so: Zum einen lebten die Vorfahren des Menschen zuerst ausschließlich in Afrika, zum anderen gab es mehrere Menschenarten.

Seit wann gibt es Menschen?

Die Antwort auf diese Frage hängt davon ab, welche Eigenschaften man für typisch menschlich hält: So bezeichnet man eine fossile Art dann als „Mensch", wenn man diese Eigenschaft feststellen oder wenigstens vermuten kann.

Der Aufrechtgang, der als spezifisches Kennzeichen des heutigen Menschen gilt, reicht sehr weit in die Stammeslinie des Menschen zurück und wahrscheinlich darüber hinaus. Man bezeichnet die aufrecht gehenden Menschenaffen meist als Vormenschen (Australopithecus, → S. 56 f.). Das große Gehirn entwickelte sich dagegen erst ziemlich spät. Zur Gattung Homo, also „Mensch", zählt man schon frühe Formen mit mäßig vergrößertem Gehirnvolumen. Mehrere Arten dieser Frühmenschen entstanden vor etwa 2 Millionen Jahren und lebten lange Zeit nebeneinander (→ S. 60). Die Art des heutigen Menschen (Homo sapiens) entwickelte sich vor etwa 200.000 Jahren in Afrika und besiedelte von dort aus später alle anderen Kontinente (→ S. 65, Abb. 4). Je nachdem, ob man die Gattung Homo oder nur die Art des heutigen Menschen betrachtet, existiert der Mensch also seit 2 Millionen oder erst seit 200.000 Jahren. Setzt man die Lebensgeschichte von etwa 3,5 Milliarden Jahren mit einem Tag gleich, dann beträgt die Existenzzeit des Menschen in jedem Fall nur Sekunden.

Waren die Neandertaler „richtige" Menschen?

In Europa und Vorderasien hat Homo sapiens mehrere Tausende Jahre mit einer anderen Menschenart – dem Neandertaler – zusammengelebt (Abb. 1). Den Namen hat diese Menschenart (Homo neanderthalensis) vom ersten Fundort, dem Neandertal bei Düsseldorf. Später fand man zahlreiche Skelette von Neandertalern in Europa und Westasien. Die Neandertaler waren gedrungener und robuster gebaut mit dickeren Knochen als die Individuen des Homo sapiens. Ursprünglich hat man den Neandertaler im Gegensatz zum intelligenten Homo sapiens als einen primitiven, affenähnlichen Wilden rekonstruiert, der nur halb aufrecht ging (Abb. 2, links). Inzwischen ist klar, dass der Neandertaler in keiner Weise hinter seinem Zeitgenossen, dem Homo sapiens, zurückstand: Er ging aufrecht wie wir (→ S. 52). Neandertaler stellten effektive Steinwerkzeuge her, einige lebten in Behausungen aus Mammutknochen und Fellen, sie sorgten für behinderte Menschen ihrer Gemeinschaft und bestatteten ihre Toten. Sie hatten also vermutlich bereits Vorstellungen von einem Jenseits nach dem Tod. Sie verständigten sich sehr wahrscheinlich mit einer Sprache. Schließlich hatten sie ein durchschnittlich größeres Gehirn als die Vertreter des heutigen Menschen. Aufgrund all dieser Fakten sollte man also nicht annehmen, dass die Neandertaler dümmer

2: Das Bild vom Neandertaler hat sich gewandelt. Links: Zeichnung von 1909; Mitte: Figur im Neandertalmuseum Düsseldorf; rechts: Auch so konnte ein Neandertaler aussehen.

gewesen oder eine weniger entwickelte Kultur hatten als zu seiner Zeit Homo sapiens (→ S. 64). Neandertaler stammen zwar von Populationen des Homo erectus ab, die aus Afrika eingewandert waren. Sie entwickelten sich jedoch in Europa zur eigenen Art: Neandertaler waren also Europäer. Der Homo sapiens hingegen entwickelte sich in Afrika: Er ist ein afrikanischer Einwanderer. Die beiden Menschenarten paarten sich – wenn auch selten – miteinander und zeugten fruchtbare Nachkommen. Daher kann man bei Menschen in Europa und Westasien Gene nachweisen, die von Neandertalern stammen. Trotz dieser Kreuzungen ist es möglich, die beiden Menschenformen als zwei Arten anzusehen, denn auch bei nah verwandten Tierarten kommen Kreuzungen mit fruchtbaren Nachkommen vor.

Der Neandertaler starb vor etwa 30.000 Jahren aus. Welche Ursachen sein Aussterben hatte, ist nicht geklärt. Einige Forscher*innen vermuten, dass der Homo sapiens den Neandertaler in kriegerischen Auseinandersetzungen mit überlegenen Waffen ausrottete. Möglich ist aber auch, dass Neandertaler und Homo sapiens weitestgehend friedlich nebeneinander lebten (Abb. 1). Der Neandertaler kann über die Jahrtausende allmählich vom Homo sapiens verdrängt worden sein: Der leichter gebaute Körper des Homo sapiens brauchte verhältnismäßig weniger Nahrung als der kräftige des Neandertalers. Der Homo sapiens konnte sich daher leichter mit genügend Nahrung versorgen und mehr Kinder großziehen als der Neandertaler.

ANSICHTEN UND EINSICHTEN

Eigenart des Menschen

Im „Lexikon der Biologie“ (1985) beginnt das Stichwort „Mensch“ so: *„Homo sapiens, im Hinblick auf seine geistigen Fähigkeiten und die Möglichkeit, die Welt zu erkennen und zu verändern, das höchst entwickelte Lebewesen.“* Lange Zeit blieb ein solches Urteil der Menschen über ihre eigene Art unwidersprochen. Man trennte den Menschen von der Natur ab und gab ihm eine Sonderstellung gegenüber allen anderen Lebewesen. Forschungen zu kognitiven Fähigkeiten von verschiedenen Tierarten fördern ein bescheideneres Urteil. Sie zeigen, dass viele der früher nur dem Menschen zugeschriebenen Eigenschaften mit Tierarten geteilt werden. Die artspezifischen Eigenschaften können daher beim Menschen – wie auch bei Tieren – als Eigenart beschrieben werden. Dabei werden die besonderen Ausprägungen der Eigenschaften herausgestellt, ohne zu behaupten, dass sie bei anderen Lebewesen gar nicht vorhanden sind. Da die menschlichen Eigenschaften in der Evolution herausgebildet wurden, sind ähnliche Fähigkeiten bei einigen Tierarten (in spezifischer Ausprägung) zu erwarten.

Mit den Neandertalern existierte darüber hinaus eine ebenbürtige Menschenart, deren geistigen Fähigkeiten sich von denen heutiger Menschen kaum unterscheiden.

In der Neuauflage des „Lexikons der Biologie“ (2002) wird das Stichwort „Mensch“ daher so eingeleitet: *„Homo sapiens, Art der Säugetiere aus der Ordnung der Primaten.“*

Der Aufrechtgang existierte früher als der Mensch.

1: Der Standfuß kennzeichnet den Menschen.

Der Mensch ist unter den heutigen *Primaten* der einzige, der ausdauernd auf zwei Beinen geht. Daher wurde der Aufrechtgang schon in der Antike als Kennzeichen angesehen, das den Menschen vor den Tieren auszeichnet.

Aufrechtgang des Menschen

Der Aufrechtgang gehört zu den spezifischen Eigenschaften des Menschen. Sein Körper ist tatsächlich weitestgehend für den Aufrechtgang und das aufrechte Stehen umgestaltet: Die Form der Wirbelsäule, das Standbein und Spielbein sowie der Standfuß sind wichtige Kennzeichen der Eigenart des Menschen (→ S. 51).

Der Standfuß ist mit seinem Fußgewölbe dasjenige Merkmal, das den Menschen von den anderen Primaten am deutlichsten unterscheidet (Abb. 1). Die anderen Primaten besitzen Greiffüße, die äußerlich den Greifhänden ähneln. Dies verleitete einen Wissenschaftler im 19. Jahrhundert dazu, den Menschen als Zweihänder kategorisch von den angeblich vierhändigen Affen abzutrennen. Dabei ist der Greiffuß anhand der Knochen eindeutig als ein Fuß und nicht als Hand zu erkennen.

Standbein und Spielbein erlauben dem Menschen nicht nur stabil zu stehen, sondern auch ausdauernd zu laufen, während Schimpansen beim Stehen und Gehen gebeugte Knie haben. Du kannst mit einfachen Versuchen erfahren, wie Schimpansen auf zwei Beinen stehen und gehen können:

- Stelle dich mit gebeugten Knien hin und gehe mit gebeugten Knien vorwärts.
- Zwei Versuchspersonen stellen sich nebeneinander auf: eine mit gebeugten Knien, die andere in normaler stehender Haltung. Beide werden in diesen Haltungen von einer dritten Person leicht angestoßen.

2: Vorteile und Funktionen des Aufrechtgangs. a) Ausdauerndes Laufen benötigt wenig Energie; b) die Sonneneinstrahlung trifft nur geringe Teile der Körperoberfläche; c) die Hände können zum Tragen benutzt werden; d) Hände können greifend sammeln, Früchte können besser erreicht werden; e) der Gegner kann eingeschüchtert werden, f) Waten im Wasser kann vor Feinden schützen.

Die Versuche zeigen: Schimpansen müssen den Körper anheben, wenn sie ein Bein vorsetzen. Daher können sie nur schaukelnd gehen. Außerdem stehen sie unsicher.

Tierliche Zweibeiner

Die Fortbewegung auf zwei Beinen ist bei Tieren weit verbreitet.

Für Vögel ist es selbstverständlich, denn ihre Vorderbeine sind zu Flügeln umgewandelt. Das Laufen auf zwei Beinen haben schon ihre Dinosauriervorfahren erworben (→ S. 28 f.).

Der Jesus-Leguan sprintet im Aufrechtgang über das Wasser, was ihm seinen Namen einbrachte. Auch Kängurus sind Zweibeiner: Sie laufen jedoch nicht, sondern hüpfen; beim Stehen nutzen sie ihren Schwanz als Stütze.

Unter den lebenden *Primaten* gehen vor allem unsere nächsten Verwandten, Bonobo und Schimpanse, zeitweise aufrecht – besonders, wenn sie Hände und Arme zum Tragen benutzen (Abb. 3). Welche Lebensbedingungen zum dauerhaften Aufrechtgang des Menschen beigetragen hatten, ist umstritten und nicht völlig geklärt (Abb. 2). Zunächst nahm man an, dass sich der Aufrechtgang beim Leben in der Savanne herausgebildet hatte, weil das aufrechte Laufen dort viele Vorteile hat (Abb. 2a, b, c).

Entstehung im Regenwald

Anhand von Begleitfunden (beispielsweise Fossilien anderer Lebewesen oder Spuren von ihnen) kann man erkennen, ob die fossilen Menschenaffen in der Savanne oder im Regenwald gelebt haben. Die ältesten Hinweise auf den Aufrechtgang findet man bei fossilen Menschenaffen des Regenwalds, z. B. Ardipithecus (→ S. 60, Abb. 2). Der Aufrechtgang ist also wahrscheinlich im Regenwald entstanden. Ein Modell dafür ist die Fortbewegung des Orang-Utans. Er verbringt sein ganzes Leben auf Bäumen. Über dünne Äste läuft er zweifüßig aufrecht und hält sich dabei mit den Armen am Geäst über ihm fest. Dasselbe vermutet man für Ardipithecus (Abb. 4).

Da der Aufrechtgang bereits im Regenwald entstanden ist, kann man bezweifeln, ob jeder fossile Menschenaffe, der aufrecht gehen konnte, zur Stammeslinie des Menschen gehört. Es ist nämlich merkwürdig, dass bis heute gar keine Fossilien der Stammeslinie der Schimpansen zugeordnet wurden. Wenn der letzte Vorfahr von Schimpansen und Menschen bereits aufrecht ging (→ S. 55), dann könnte es sein, dass einige Fossilien heute fälschlich als Vorfahren des Menschen betrachtet werden, die in Wahrheit zur Stammeslinie der Schimpansen gehören (→ S. 59).

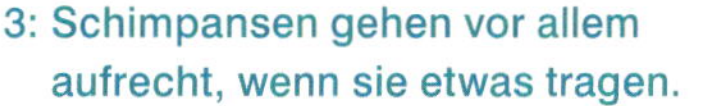

3: Schimpansen gehen vor allem aufrecht, wenn sie etwas tragen.

4: Der fossile Menschenaffe Ardipithecus lief wahrscheinlich auf Ästen aufrecht.

AUFGABEN

1. Vergleiche die Hypothesen zum Entstehen des Aufrechtgangs (Abb. 2) und beurteile, welche aufgrund der gefundenen Fossilien wahrscheinlich sind.
2. Schreibe eine Geschichte dazu, wie die ersten Menschenaffen aus dem Regenwald die Savanne besiedelt haben. Beachte dabei, welche Vorteile sie gegenüber vierfüßig laufenden Regenwaldbewohnern hatten.
3. Erkläre, warum nicht alle heutigen Savannenbewohner aufrecht gehen.

https://www.fr-v.de/522002-k4-s53/

Der Mensch gehört zu den Menschenaffen.

1: Familienbild: hinten von links: Gorilla, Mensch, Orang-Utan; vorn: Bonobo, Schimpanse

Der Satz „Der Mensch stammt vom Affen ab" ist ungenau und irreleitend. „Den" Affen gibt es nicht, sondern viele verschiedene Affenarten. Die Art Homo sapiens stammt außerdem nicht von einer heute lebenden Affenart ab. Heute lebende Affen und der Mensch sind vielmehr miteinander verwandt, das heißt: Sie haben einen letzten gemeinsamen Vorfahren.

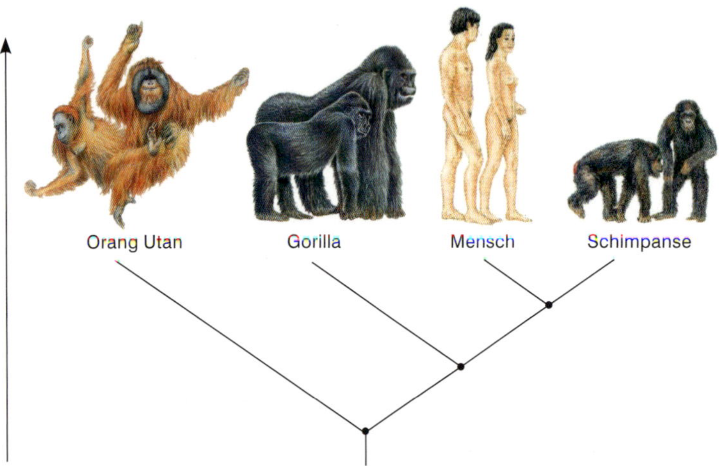

2: Stammbaum der Menschenaffen. Die schwarz gefüllten Kreise geben jeweils den letzten gemeinsamen Vorfahren (Stammart) der Menschenaffen an, die über der Gabel stehen.

Verwandtschaft

Eine Gruppe der Affen ist dem Menschen besonders ähnlich. Orang-Utan, Gorilla, Bonobo, Schimpanse und Mensch sind stammesgeschichtlich sehr nah verwandt, sie gehören zur gleichen Familie (Abb. 1). Gemäß DNA-Vergleichen ist der Mensch mit den afrikanischen Menschenaffen enger verwandt als mit dem Orang-Utan, sowie unter den afrikanischen Menschenaffen am engsten mit Schimpanse und Bonobo. Die Verwandtschaftsverhältnisse lassen sich mit denen in einer Familie vergleichen (→ S. 34, Abb. 1): Die Schimpansenarten sind unsere Geschwister, der Gorilla ist ein Vetter ersten Grades, der Orang-Utan ein Vetter 2. Grades. Schimpansen sind also mit uns näher verwandt als mit dem Gorilla!

Daraus ergibt sich der Stammbaum der Menschenaffen (Abb. 2). Er kann an jedem schwarz gefüllten Kreis (Knoten) gedreht werden, ohne dass sich die Aussagen zur Verwandtschaft ändern (→ S. 38). Der Stammbaum beruht auf DNA-Vergleichen. Die DNA von Mensch und Schimpanse oder Bonobo stimmt zu über 98 % überein.

Divergente Entwicklung

Da die heute lebenden Menschenaffen – den Menschen eingeschlossen – von einem letzten gemeinsamen Vorfahren abstammen, haben sie alle einen gleich langen Prozess der Evolution bis heute durchlaufen. In dieser Evolution hat sich der Mensch anders entwickelt als die übrigen Menschenaffen: Der Mensch ist ein divergent entwickelter Menschenaffe.

Je nach Lebensraum und Lebensweise erfolgten dabei unterschiedliche Anpassungen an die jeweiligen Lebensbedingungen. Es ist daher einleuchtend, dass sich sowohl Mensch wie Schimpanse seit der Trennung ihrer Stammeslinien gegenüber dem gemeinsamen Vorfahren verändert haben: einerseits auf dem Weg, der zum heutigen Menschen führte, andererseits auf dem Weg zum Schimpansen. Je nach Lebensbedingungen war die Abwandlung vom gemeinsamen Vorfahren jedoch verschieden. Menschenaffen und Menschen sind nicht verschieden hoch entwickelt, sondern jeweils anders. Beides sind gleichermaßen (vorläufige) Ergebnisse der Evolution.

Peinliche Nähe?

Die Nähe des Menschen zu den Menschenaffen wurde seit der Begründung durch die Evolutionstheorie von vielen als Beleidigung empfunden. Sie wurde deshalb – und wird von manchen noch heute – leidenschaftlich abgelehnt.
Charles Darwin hatte in seinem Werk „Über die Entstehung der Arten“ 1859 als Konsequenz seiner Theorie nur einen Satz zum Menschen geschrieben: *„Licht wird auch fallen auf den Menschen und seine Geschichte.“* Dennoch entzündeten sich die Auseinandersetzungen um die Evolutionstheorie vor allem an der Abstammung des Menschen. Dass der Mensch von einer Affenart abstammen sollte, erregte die Gemüter. Man hielt es mit der Würde des Menschen für unvereinbar, dass der Mensch von „niederen Tieren“ abstammen soll. Nachdem Darwin 1838 erstmals einen Menschenaffen im Zoo von London beobachten konnte, schrieb er dazu: *„Der Mensch sollte sich einen Orang-Utan im Zoo ansehen, seine Leidenschaft, seine Wut, sein Schmollen und seine Verzweiflungstaten … Und dann soll er noch einmal wagen, sich seiner Vorrangstellung zu rühmen.“*
Die Aufregung um die Abstammung ist eigentlich unverständlich. Denn schon über hundert Jahre vor Darwin hatte Carl von Linné den Menschen (ohne großen öffentlichen Protest) in die Gruppe der Affen eingeordnet und damit eine Wesensverwandtschaft von Mensch und Affen behauptet. Der lateinische Name, den er dem Menschen gab, bedeutet „der weise Mensch“: Homo sapiens. Mit „weise“ verband Linné allerdings nicht eine feststehende Eigenschaft, sondern eine verpflichtende Aufgabe, denn er setzte erläuternd zum Artnamen hinzu: *„Erkenne dich selbst.“*

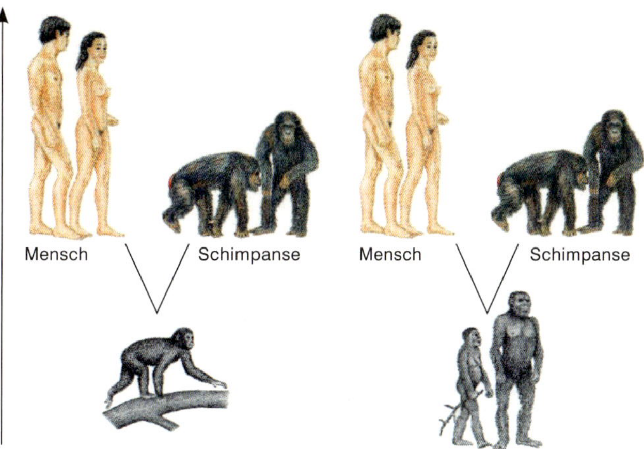

3: Zum letzten Vorfahr von Mensch und Schimpanse kann man zwei gegensätzliche Hypothesen aufstellen.

ANSICHTEN UND EINSICHTEN

Gemeinsamer Vorfahr von Mensch und Schimpanse

Wie könnte der letzte gemeinsame Vorfahr von Mensch und Schimpanse ausgesehen haben? Dazu können mehrere Möglichkeiten angenommen werden.
Viele Menschen meinen, dass sie dem heutigen Schimpansen ähnlich waren, auf allen vier Füßen liefen oder kletterten (Abb. 3, links). Dazu gibt es viele Darstellungen, nach denen sich die Vorfahren des Menschen langsam immer mehr aufrichteten. Das ist unsinnig: Eine gebückte Haltung ist nicht vorteilhaft zum Leben, weder für Affen, noch für Menschen. Individuen mit einer solchen Fortbewegung hätten nicht überlebt. Die Frage ist vielmehr, ob der letzte gemeinsame Vorfahr nur kurz aufrecht gehen konnte, wie heutige Menschenaffen (→ S. 53), oder ob er schon fähig war, dauerhaft aufrecht zu laufen.
Bei der zuletzt genannten Möglichkeit wäre der gemeinsame Vorfahr dem Menschen vielleicht ähnlicher gewesen als dem Schimpansen (Abb. 3, rechts). Dafür spricht die Annahme, dass fossile Arten bereits dauerhaft aufrecht gehen konnten, die kurz vor dem letzten gemeinsamen Vorfahren lebten oder sogar schon viel früher (→ S. 60).

AUFGABEN

1 Ergänze den Stammbaum von Abb. 2 um den Bonobo und erläutere die stammesgeschichtliche Verwandtschaft mit dem Menschen.

2 Überlege, welche der folgenden Aussagen zutrifft und welche nicht und begründe dies:
- Der Mensch stammt von der Gruppe der Menschenaffen ab.
- Der Mensch stammt von einer ausgestorbenen Menschenaffenart ab.

https://www.fr-v.de/522002-k4-s55/

Fossilen haben individuelle Eigenschaften.

1: Gesichter fossiler Verwandter des Menschen. (v. u. Z bedeutet: vor unserer Zeit)

2: Individuelle Variation: Schädel von Schimpansen-Männchen; beachte die verschiedenen Formen und Größen.

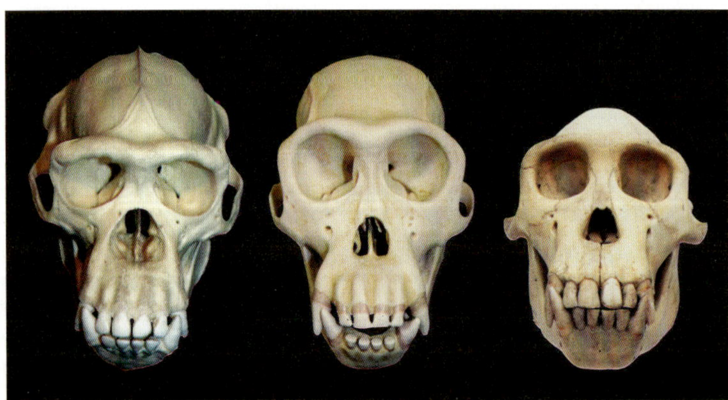

Auch die fossilen Menschenaffen und Menschen waren Individuen, deshalb sind sie in Abbildung 1 so gezeichnet und als Vertreter ihrer Art so benannt. Es ist jedoch schwer zu entscheiden, ob die Unterschiede zwischen zwei Fossilien nur individuelle sind oder Merkmale zweier Arten.

Individuelle Variation

Arten sind keine Individuen, sondern bestehen aus Populationen, deren Individuen sich unterscheiden (➜ S. 6). Als Fossilien findet man häufig nur Reste von einzelnen Lebewesen, sodass man nicht weiß, wie groß die Unterschiede zwischen den Mitgliedern der zugehörigen Art waren. Man ordnet die Fossilien bekannten Arten zu oder hält sie für den Vertreter einer neuen Art. Die Variation der Merkmale bei lebenden Arten der Menschenaffen (Abb. 2) gibt Hinweise dafür, wie Unterschiede zwischen Menschenaffen-Fossilien zu beurteilen sind. Sind die Unterschiede zwischen den Fossilien größer als die Unterschiede zwischen Individuen in heutigen Populationen, so kann man annehmen, dass die Fossilien von verschiedenen Arten stammen.

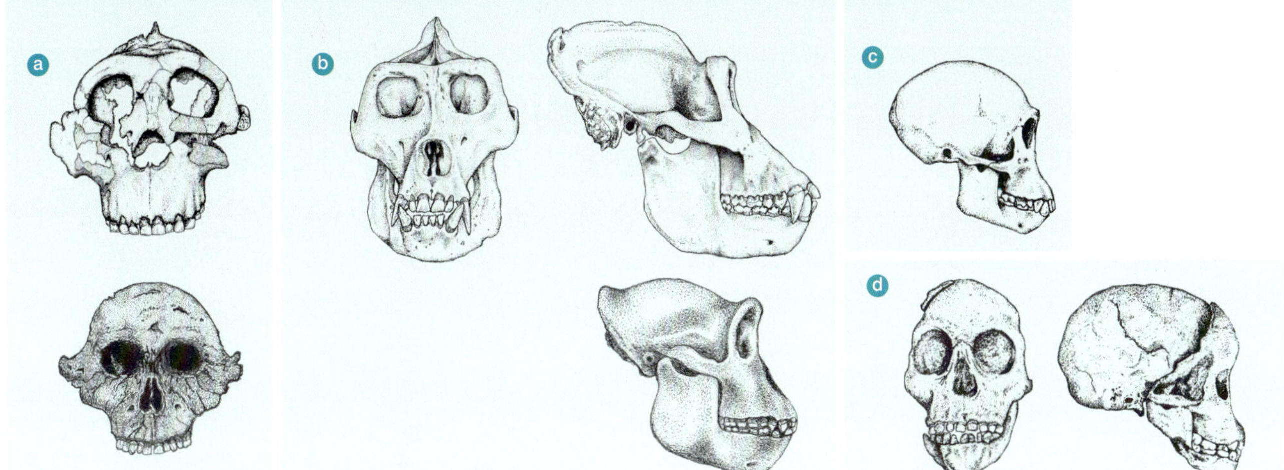

3: Variation aufgrund von Geschlecht: a) bei Fossilien: In Ostafrika gefundene Schädel, die als Männchen (oben) und als Weibchen (unten) von Paranthropus boisei betrachtet werden; b) beim Gorilla: Männchen (oben) und Weibchen (unten).
Variation aufgrund vom Lebensalter: c) Gorillajunges; d) Taung-Baby

Variation zwischen den Geschlechtern

In Abb. 2 ist nur die Variation innerhalb eines Geschlechts, nämlich die innerhalb von Schimpansen-Männchen erfasst. Größere Unterschiede können zwischen den Geschlechtern bestehen (Abb. 3 a, b).

Der Schädel des Gorilla-Männchens hat einen mächtigen Knochenkamm, an dem kräftige Kaumuskeln ansetzen. Das Weibchen hat hingegen keinen Knochenkamm. Auch bei fossilen Schädeln kann man daher vermuten, dass ein Schädel mit Knochenkamm zu einem Männchen gehörte (Abb. 3 a).

Variation aufgrund des Lebensalters

Das Alter kann man bei Schädeln am Zustand und an der Anzahl der durchgebrochenen Zähne feststellen. Beim Taung-Baby (Abb. 1 und 3 d) ist wegen des jungen Lebensalters unsicher, welcher Art es zuzuordnen ist. Es wurde in Südafrika als erstes Fossil eines Menschenaffen gefunden und der Stammeslinie des Menschen zugeordnet.

Aufgrund des zarten Baus wurde es als die grazile Art Australopithecus africanus beschrieben. Weil sich robuste Merkmale wie Überaugenwülste oder gar Knochenkamm wie beim Gorilla aber erst im späteren Alter ausbilden (Abb. 3 b), könnte das Taung-Baby auch zur robusten Gruppe Paranthropus gehören, von der in Südafrika ebenfalls Fossilien gefunden wurden.

ANSICHTEN UND EINSICHTEN

Fossile Arten

Heute lebende Arten werden biologisch als Fortpflanzungsgemeinschaften definiert. Es sind also Populationen, die fortpflanzungsmäßig weitestgehend gegen andere Populationen getrennt sind (→ S. 7). Bei fossilen Arten wissen wir nicht, welche Individuen sich miteinander fortgepflanzt haben. Für die Unterscheidung von Arten sind die Forscher*innen auf die Merkmale angewiesen, die sie an den Fossilien feststellen können. Merkmale sind hier fast die einzigen Hilfsmittel, um Arten zu beschreiben. Daneben geben die Fundorte Hinweise zur Verbreitung der Art, zu dem das Fossil gehörte.

Ob die Forscher*innen ein Fossil als eine neue Art beschreiben, hängt von ihrer Einstellung ab. Eine neue Art zu entdecken, gibt mehr Anerkennung als nur eine Variante. Manche sind dennoch geneigt, mehrere Formen zu einer Art zusammenzufassen. Man bezeichnet sie als „lumper“ (englisch to lump: vermengen). Diejenigen, die lieber viele Arten unterscheiden, bezeichnet man als „splitter“ (engl. to split: aufspalten).

AUFGABEN

1 Vergleiche den Schädel des jungen Gorilla (Abb. 3 c) mit den erwachsenen Schädeln sowie mit dem Schädel des Taung-Babys (Abb. 3 d). Erläutere, warum die Zuordnung des Taung-Babys unsicher ist.

2 Nimm an, man fände fossile Schädel von einem weiblichen und einem männlichen Gorilla. Begründe, wie man entscheiden könnte, ob sie zur selben oder zu zwei verschiedenen Arten gehören.

https://www.fr-v.de/522002-k4-s57/

Die Einordnung von Fossilien hängt von Vorstellungen zur Evolution ab.

Lange Zeit nahm man an, dass die Stammeslinie des Menschen früh von den Affen getrennt verläuft und direkt in gerader Linie zum heutigen Menschen führt. Diese Vorstellung wurde dadurch begünstigt, dass mit den heute lebenden Menschen nur noch eine Menschenart auf der Erde existiert (→ S. 13). Es liegt nahe, dass man fossile Reste immer dann der menschlichen Stammeslinie zuordnet, wenn sie charakteristische Merkmale von heutigen Menschen zeigen. Als ein solches Merkmal wurde und wird besonders der aufrechte Gang angesehen (→ S. 52).

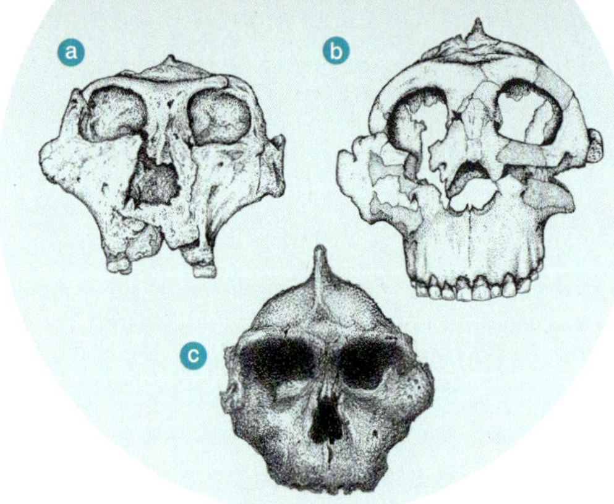

2: Verwandt oder konvergent? Schädel von
a) Paranthropus robustus (Südafrika),
b) Paranthropus boisei (Tansania) und
c) Paranthropus aethiopicus (Äthiopien)

Konvergenz

Der Fall Oreopithecus

In Italien wurde das Fossil eines Menschenaffen, gefunden, der vor etwa 7 Millionen Jahren lebte. Er erhielt den Namen Oreopithcus bambolii. Das fossile Skelett ist fast vollständig, was zu der Zeit außergewöhnlich war. Es hat Eigenschaften, die an den heutigen Menschen erinnern: Ein flaches Gesicht, keine Schnauze, nur kleine Eckzähne und sein Becken sowie Beine und Füße weisen auf einen dauerhaften aufrechten Gang hin. Oreopithecus wurde daher von vielen Forscher*innen als ein sehr früher Vorfahr des Menschen angesehen. Andere Merkmale weichen jedoch sehr vom Menschen ab. Zum Beispiel ist sein Fuß ein ausgesprochener Plattfuß. Die große Zehe ist in senkrechtem Winkel abgespreizt, was nur ein langsames Laufen, aber ein ausdauerndes Stehen ermöglicht. Oreopithecus war also mehr ein Aufrechtsteher und nur ein behäbiger Aufrechtgeher (Abb.1). Das war in seinem Lebensraum kein Nachteil: Er lebte auf einer großen Insel (damals gebildet von Sardinien und Teilen der Toskana), auf der es keine großen Raubtiere gab, die ihm hätten gefährlich werden können.

1: Rekonstruktion von Oreopithecus

Seine Besonderheiten weisen darauf hin, dass Oreopithecus den Aufrechtgang unabhängig von den Vorfahren des Menschen erworben hat. Der Aufrechtgang ist bei Menschenaffen demnach mehrfach entstanden: Es handelt sich um eine konvergente Entwicklung. Oreopithecus wurde daher aus der Stammeslinie des Menschen entfernt: Konvergenz täuscht enge Verwandtschaft nur vor (→ S. 10 f.).

Paranthropus

Robuste, aufrecht gehende Menschenaffen werden zur Gruppe Paranthropus zusammengefasst. Während die gleichzeitig lebenden Homo-Arten Allesfresser waren, fraßen die Arten von Paranthropus harte Pflanzennahrung: Wurzeln und Gräser. Sie hatten daher große Scheitelkämme, an denen kräftige Kaumuskeln ansetzten (Abb. 2). Ob die Arten von Paranthropus eine Verwandtschaftsgruppe oder eine Ähnlichkeitsgruppe sind, ist unklar: Auch wenn die gemeinsamen Merkmale auf enge Verwandtschaft hindeuten, stellt sich dennoch die Frage, ob sie homolog sind oder sich aufgrund der ähnlichen Lebensweise konvergent entwickelt haben (Funktionsähnlichkeit, → S. 10 f.). Die verschiedenen Fundorte können für beide Fälle erklärt werden: Bei Homologie nimmt man Wanderungen einer Stammart an, bei Konvergenz die Entwicklung in geografisch getrennten Gebieten.

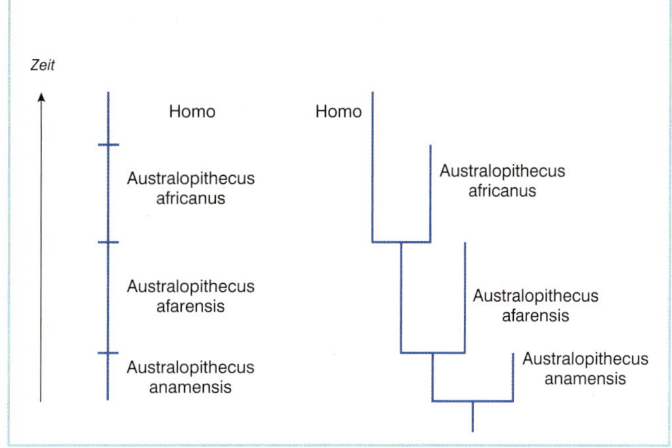

3: Deutungen der Evolution in der Stammeslinie des Menschen: Artumwandlungen (links) und Artaufspaltungen (rechts)

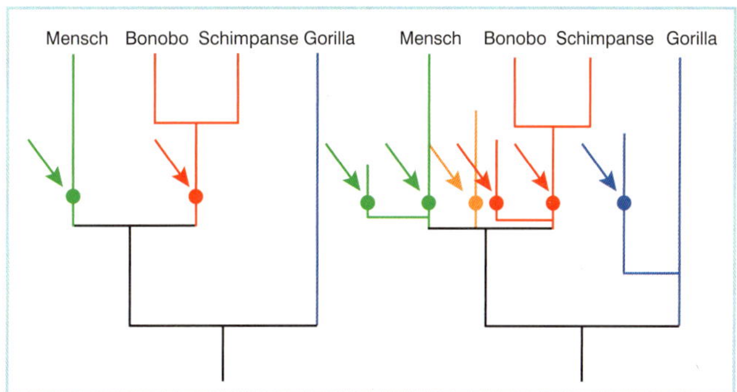

4: Die Zuordnung von Ardipithecus ist, bei nicht verzweigten Stammeslinien zu zwei (links), bei verzweigten zu vier Stammeslinien möglich (rechts).

Aufspaltung

Manche Wissenschaftler*innen nehmen an, dass sich die zeitlich aufeinanderfolgenden Formen von Australopithecus und Homo im Laufe der Zeit ineinander umgewandelt haben (Abb. 3, links). Sie bilden dann eigentlich nur eine einzige Art. Wegen der Unterschiede gibt man ihnen dennoch verschiedene Artnamen (→ S. 57).

Die entgegengesetzte Vorstellung zur Evolution besteht in der Aufspaltung in verschiedene Arten (Abb. 3, rechts). Diese Annahme erklärt, warum ein und dasselbe Fossil menschenähnliche Merkmale haben kann sowie andere, die stark vom heutigen Menschen abweichen. Wenn die Stammeslinien aufgespalten sind, kann in einem Zweig das eine, in dem anderen Zweig das andere Merkmal abgeändert sein. Bei den Fossilien sind dann unterschiedliche ursprüngliche und abgeleitete Merkmale miteinander kombiniert. Man spricht von Mosaikevolution.

Je nachdem, welche Merkmale man innerhalb der Gruppe für ursprünglich bzw. abgeleitet hält, kann man fossile Arten in verschieden Stammeslinien einordnen. Dabei gibt es besonders viele Möglichkeiten, wenn man zahlreiche Aufspaltungen mehrerer Stammeslinien annimmt. Beispielsweise könnte dann ein früher Aufrechtgänger wie Ardipithecus (→ S. 53) nicht nur der menschlichen Stammeslinie, sondern auch drei anderen Stammeslinien der Menschenaffen zugeordnet werden (Abb. 4).

AUFGABEN

1 Erörtere, ob fossile Menschenaffen, die aufrecht gingen, als direkte Vorfahren des Menschen angesehen werden können oder nicht.

2 Erkläre, unter welchen Umständen Fossilien der menschlichen Stammeslinie sowohl menschenähnliche wie auch menschenunähnliche Merkmale aufweisen können.

3 Fossilien dokumentieren die Evolution immer nur unvollständig. Beurteile, was die in Abb. 4 gezeigten Möglichkeiten bedeuten, wenn man einen Stammbaum des Menschen anhand von Fossilien aufstellen will.

https://www.fr-v.de/522002-k4-s59/

Der Stammbaum des Menschen ist noch ein Rätsel.

1: Auch sein Stammbaum liegt noch im Dunkeln.

Stammbaum-Probleme

Für den Menschen wurden schon viele verschiedene Stammbäume aufgestellt. Das ist nicht verwunderlich: Stammbäume sind Hypothesen (→ S. 38 f.). Wenn sie bei neuen Funden oder neuen Vorstellungen geändert werden, spricht das nicht gegen Evolution oder Abstammung, sondern für neue Erkenntnisse zu Evolution und Abstammung.

Dass Hypothesen zu Stammbäumen häufig geändert werden müssen, ergibt sich daraus, dass die Entdecker*innen menschlicher Fossilien häufig nicht unbefangen sind: Sie wollen möglichst einen direkten Vorfahren von Homo sapiens finden, also von unserer Art, denn das erscheint bedeutsamer, als zum Beispiel einen Vorfahren vom Gorilla oder Schimpansen zu entdecken.

Es ist sehr jedoch sehr unwahrscheinlich, einen Vertreter des letzten gemeinsamen Vorfahren einer Stammeslinie zu finden. Bei der Vielzahl von fossilen Arten gleicht Forschen nach dem direkten Vorfahren des heutigen Menschen der Suche nach einer Nadel im Heuhaufen. Deshalb ist es angemessen, nur anzunehmen, dass ein Fossil bestenfalls einem letzten Vorfahren ähnlich ist und somit als Modell für ihn dienen kann. Die ältesten Fossilien, die als Vorfahren des Menschen in Frage kommen, waren aufrecht gehende Menschenaffen, die im Regenwald lebten. Wenn diese frühen Aufrechtgänger tatsächlich in die menschliche Stammesgeschichte gehören, dann folgt daraus, dass der letzte gemeinsame Vorfahr von Mensch und Schimpanse

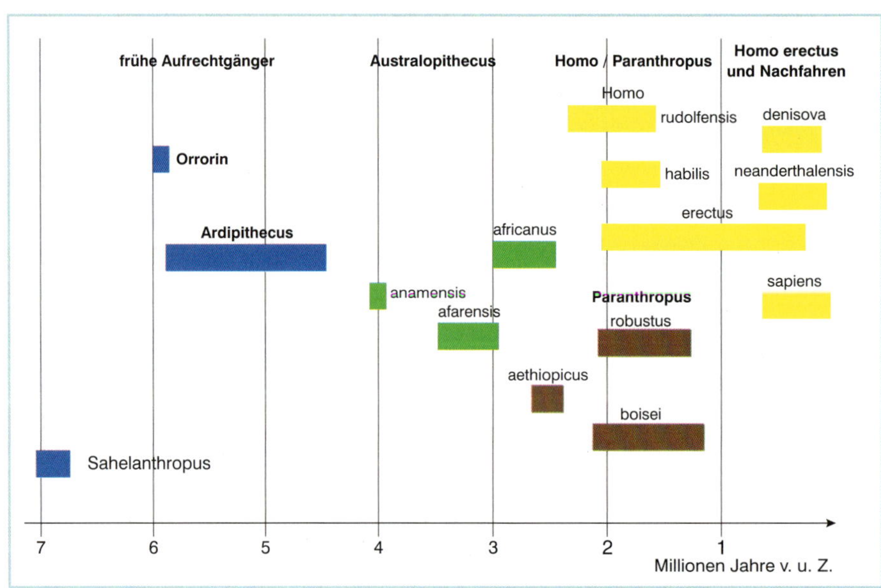

2: Nach Fossilfunden ermittelte Existenzzeiten fossiler Arten.

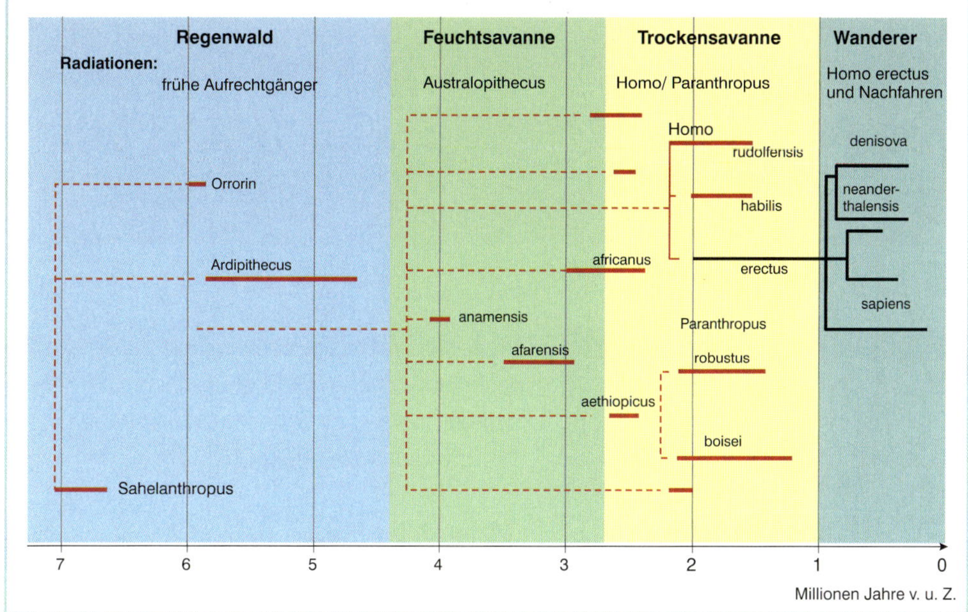

3: Ein möglicher Stammbaum des Menschen, wenn man adaptive Radiationen annimmt. Gestrichelte Linien: wahrscheinliche Radiationen; durchgezogene Linien: Fossilfunde (beachte, es gibt auch hier nicht benannte Arten); schwarze Linien: sehr wahrscheinliche Abstammung.

bereits aufrecht ging (→ S. 55). Diese Hypothese muss demnach dann zutreffen, denn die Stammeslinien von Schimpansen und Mensch haben sich erst nach der Existenzzeit der frühen Aufrechtgänger getrennt. Spätere aufrecht gehende Arten, wie die der Gattung Australopithecus, lebten vorwiegend in der Savanne. Da der Aufrechtgang also schon früh in der Stammeslinie der Menschenaffen oder sogar mehrfach auch konvergent erworben wurde (→ S. 11), ist es fragwürdig, einen fossilen Menschenaffen nur wegen dieses Merkmals in die Stammeslinie des Menschen zu stellen (→ S. 59). Die Zuordnung der Fossilien zu einer Stammeslinie ist wegen unterschiedlicher Deutung der Merkmale und lückenhaften Fossilfunden schwierig und daher vielfach umstritten. Einige Wissenschaftler*innen verzichten deshalb völlig darauf, einen Stammbaum des Menschen aufzustellen. Stattdessen ordnen sie die fossilen Arten nur anhand von Existenzzeiten, die aufgrund der Datierung von Fossilfunden ermittelt wurden (Abb. 2).

Mögliche Radiationen

Wenn man dennoch einen Stammbaum des Menschen aufstellen will, kann man annehmen, dass Radiationen stattgefunden haben (Abb. 3). Sie sind schwer nachzuweisen, da die Populationen, die sich bei einer Radiation aufspalteten, anfänglich sehr klein waren. Daher werden von ihnen in der Regel keine Fossilien gefunden. Radiationen finden unter bestimmten Bedingungen statt (→ S. 14 f.). Auf die menschliche Stammesgeschichte treffen die Bedingungen wahrscheinlich zu: Mit dem Aufrechtgang erschließen sich neue körperliche Fähigkeiten (z. B. ausdauerndes Laufen, → S. 52). Bei der Besiedelung neuer Lebensräume ergeben sich dadurch Vorteile. Umweltänderungen (Entstehung von Savannen durch Klimaänderung, zunehmende Trockenheit) eröffnen neue Ernährungsweisen. Daher ist in der Evolution des Menschen mit adaptiver Radiationen zu rechnen. Auf diesen Überlegungen beruht der in Abb. 3 gezeichnete Stammbaum.

AUFGABEN

1 Gib an, wann gemäß Abb. 3 möglicherweise eine adaptive Radiation stattgefunden hat und welche Gründe es für die Annahme gibt.

2 Erörtere, welche Deutungsmöglichkeiten es für die stammesgeschichtliche Einordnung der frühen Aufrechtgänger gibt.

3 Erkläre, dass Fossilien der Australopithecus-Arten sowohl menschenähnliche wie auch menschenunähnliche Merkmale aufweisen. Berücksichtige dabei mögliche Radiationen.

https://www.fr-v.de/522002-k4-s61/

Biologisch gibt es die Vielfalt der Menschen, aber keine Menschenrassen.

1: Der Mensch hat viele Gesichter. Obere Reihe (von links nach rechts): Jungen aus Malawi, Mann aus Sri Lanka (Drawide), Frau aus China; untere Reihe (von links nach rechts): Frau aus Namibia (San), Frau aus Deutschland, Mann aus Sri Lanka (Tamile)

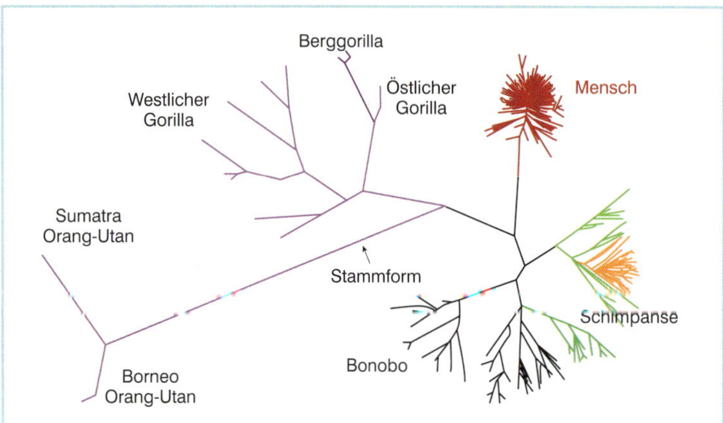

2: Genetische Ähnlichkeit bei Menschenaffen und Mensch. Jeder Strich gibt die Stellung eines Individuums im Ähnlichkeitsbaum an. Der Abstand der Striche zeigt die genetische Nähe der Individuen.

Menschen sehen verschieden aus. Selbst eineiige Mehrlinge unterscheiden sich. Menschen unterschiedlicher geografischer Herkunft haben meist verschieden helle oder dunkle Haut.

Tönung der Haut

Die sogenannten Hautfarben werden im Wesentlichen dadurch bewirkt, wie stark das *Pigment* Melanin in der Haut gebildet wird und wie es in der Haut verteilt ist. Die Pigmentierung der Haut ist abhängig von den geografischen Gebieten, in denen die Menschen bzw. ihre Vorfahren über Jahrtausende gelebt haben. Sie verändert sich gleitend mit der UV-Einstrahlung, die in den Gebieten herrscht.

Farbgebung

Die sogenannten Hautfarben – weiß, schwarz, gelb, braun und rot – sind keine objektiven Beschreibungen, sondern gehören zu dem Versuch, Menschengruppen kontrastierend als *Rassen* gegeneinander abzugrenzen. Die Europäer bezeichneten sich dabei als „Weiße“, obgleich viele Europäer ebenso stark pigmentiert sind wie viele Asiaten und sogenannte Schwarzafrikaner. Die Europäer mussten „Weiße“ werden, weil die anderen „Schwarze“ oder „Farbige“ sein sollten. Es gibt jedoch weder weiße, noch schwarze, gelbe, braune oder rote Menschen. Es gibt nur Menschen mit verschieden getönter Haut mit allen möglichen feinen Übergängen.

Äußerliche Unterschiede und genetische Nähe

Wegen der äußerlichen Unterschiede und Vielfalt (Abb. 1) überrascht es, dass alle Menschen sich genetisch äußerst ähnlich sind (Abb. 2). Obwohl Schimpansen für uns alle gleich aussehen, unterscheiden sich Schimpansen derselben Population untereinander genetisch stärker als

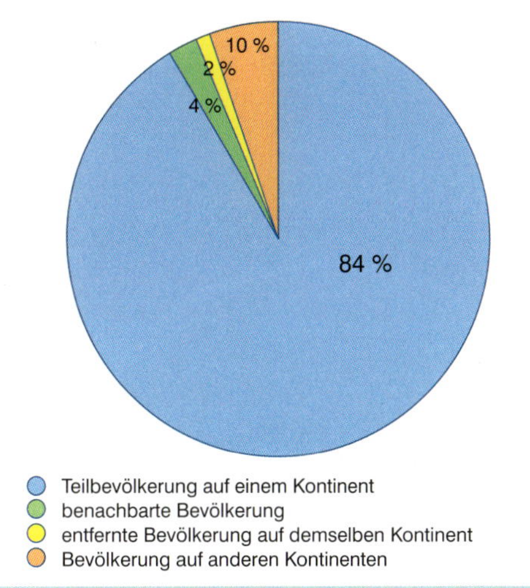

3: Anteile der genetischen Unterschiede in der Erdbevölkerung: Der Hauptanteil liegt innerhalb einer lokalen Population (84 %), aus benachbarten und entfernten Populationen kommt nur ein geringer Anteil an genetischen Unterschieden hinzu.

Menschen aus verschiedenen Erdteilen. Die äußeren Merkmale der Menschen, die die Einteilung der Menschen in Rassen veranlassten, täuschen so über die tatsächliche genetische Nähe hinweg. Die Unterscheidung von „Rassen" hat daher keine biologische Grundlage und ist daher wissenschaftlich überholt.

Vielfalt innerhalb der „Rassen"

Die Einteilung in Rassen beruhte auf durchschnittlichen Unterschieden. Aus solchen Mittelwerten darf in keinem Fall auf Merkmale der einzelnen Gruppenmitglieder geschlossen werden. Ein Beispiel: Für jeden (eingeborenen) Deutschen kann man einen dunkelhäutigen Afrikaner finden, der ihm genetisch ähnlicher ist als sein hellhäutiger Nachbar. Diese überraschende Tatsache ergibt sich aus dem Umstand, dass die genetischen Unterschiede innerhalb einer Gruppe größer sind als die zwischen den Gruppen. Die genetische Vielfalt der Menschen befindet sich also ganz überwiegend innerhalb der einzelnen Populationen (Abb. 3).

Die Vielfalt innerhalb und zwischen Populationen wird durch Einteilung in „Rassen" also nicht erfasst.

Die Unterscheidung von „Rassen" wird durch molekulargenetische Untersuchungen ebenfalls nicht bestätigt. Menschen haben die Kontinente der Erde in mehreren Wanderschüben besiedelt und waren dabei nie über längere Zeit völlig isoliert (→ S. 65, Abb. 4). Über Kontinente hinweg fand vielmehr stets Austausch statt, und zwar sowohl kulturell wie genetisch.

ANSICHTEN UND EINSICHTEN

Rassismus

Das unterschiedliche Aussehen von Menschen verschiedener geografischer Herkunft ist vielfach Anlass zu Ablehnung, Zurücksetzung und Verfolgung. In der Vergangenheit wurde die Ablehnung von Fremden durch ihre Einordnung in sogenannte Menschenrassen biologisch scheinbar gestützt und gefördert.

Ursache für Rassismus waren und sind jedoch nicht das Aussehen, die Herkunft oder die kulturelle Prägung der Menschen, sondern die gesellschaftlichen und politischen Interessen, die zur aggressiven Ausgrenzung der Menschen führten und führen. Das Aussehen dient nur als Vorwand, das Vorgehen zu rechtfertigen.

Wenn man die Menschen in verschiedene „Rassen" einteilt, hält man damit die zugeschriebenen Gruppeneigenschaften für wichtiger als die Eigenschaften der Individuen. Man macht es sich leicht: Die Zugehörigkeit zu einer Gruppe – Rasse, Klasse oder Geschlecht – entscheidet darüber, mit wem man es zu tun hat. Der einzelne Mensch spielt dann keine Rolle. Es wird nicht beachtet, dass Gruppenunterschiede bestenfalls durchschnittliche sind, die auf die Mehrzahl der Gruppenmitglieder nicht zutreffen. Darüber hinaus werden den Mitgliedern der als fremd empfundenen Gruppe stets Eigenschaften zugeschrieben, die im Gegensatz zu den eigenen Eigenschaften stehen sollen. Auf diese Weise wird die Fremdgruppe herabgestuft und die eigene Gruppe als höherrangig herausgestellt.

Das Beurteilen des Individuums nach tatsächlichen oder nur eingebildeten Gruppeneigenschaften ist ein wesentliches Merkmal des Rassismus. Deshalb ist ein wichtiges Gegenmittel gegen rassistisches Denken und Handeln: Auf das Individuum schauen.

AUFGABEN

1 Betrachte Abbildung 1. Beurteile den Umstand, dass einige der Menschen als „farbig", „gelb", „weiß" oder „schwarz" bezeichnet worden sind. Beschreibe die Unterschiede zutreffend.

2 Erläutere den Satz eines Genetikers: „Rasse geht nicht unter die Haut."

3 Informiere dich über die Einteilung in „Weiße" und „Schwarze" in den USA und beurteile, ob es sich dabei um „Rassen" handelt.

https://www.fr-v.de/522002-k4-s63/

Kultur ist Teil menschlicher Natur.

Kulturell weitergegebene Informationen werden als Tradition bezeichnet. Tradition unterscheidet sich wesentlich von der Weitergabe von Genen. Gene werden durch Fortpflanzung weitergegeben. Traditionen sind dagegen nicht an Fortpflanzung gebunden: Vergleichbar mit Infektionen, können sie Generationen und Fortpflanzungsgemeinschaften überspringen. Durch Traditionen weitergegebene Informationen können sich schneller ausbreiten als Gene und können kreativ verändert werden. Man spricht von kultureller Evolution.

1: Schimpanse beim Termitenangeln (Gombe, Ostafrika)

Traditionen bei Tieren

Tradition ist nicht auf menschliche Populationen beschränkt. Bei Vögeln gibt es beispielsweise Gesangstraditionen und bei Schimpansen z. B. Traditionen im Werkzeuggebrauch. So kommt das Termitenangeln nicht etwa in allen Schimpansenpopulationen vor. Vielmehr ist es auf eine Population in Ostafrika beschränkt, ebenso wie das Knacken von Nüssen mit Steinen auf eine Population in Westafrika beschränkt ist. Da Kultur häufig mit Tradition gleichgesetzt wird, bezeichnen Zoologen Verhaltensweisen, die durch Tradition weitergegeben werden, auch bei Tieren als Kultur, z. B. als Schimpansenkultur (Abb. 1).

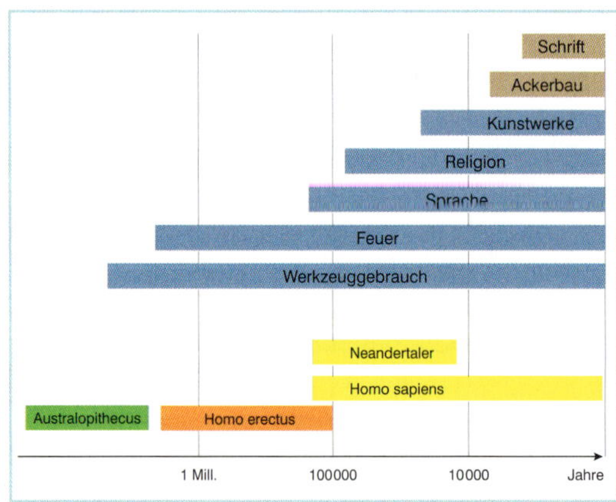

2: Entstehung von Elementen der menschlichen Kultur; blau: Universalien. Beachte die nicht lineare Zeitskala.

Symbolsprache

Die menschliche Kulturentwicklung ist wesentlich durch die Weitergabe von Informationen durch Sprache geprägt. Durch sprachliche Zeichen, Symbole, ist die Weitergabe der Informationen unabhängig vom nachahmenden Lernen an den Gegenständen oder Vorbildern. Informationen können gespeichert werden (Steintafeln, Bücher, Bibliotheken, Computer). Die menschliche Kultur beruht auf symbolvermittelter Tradition.

Universalien menschlicher Kultur

Die Elemente, die in allen Kulturen des heutigen Menschen zu finden sind, werden als Universalien bezeichnet. Sie sind im Laufe der Evolution erworben worden, z. T. weit vor der Entstehung von Homo sapiens (Abb. 2). Die Zuordnung der ältesten Werkzeugfunde zu einer Homo- oder Australopithecus-Art ist unsicher. Man kann aber annehmen, dass Australopithecus-Arten fähig waren, Werkzeuge in ähnlicher Weise herzustellen und zu benutzen wie heutige Schimpansen. Manche Forscher*innen nehmen an, dass bereits Homo erectus eine Sprache hatte, sicher ist dies für den Neandertaler (→ S. 50 und 56).

3: Felsmalerei aus Australien, 40.000 Jahre alt

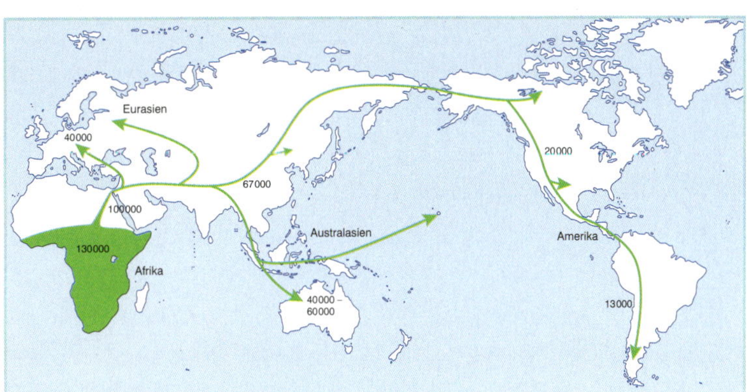

4: Die menschliche Kultur kommt aus Afrika. Homo sapiens brachte sie auf alle Kontinente

Ackerbau und Viehzucht sowie Schrift sind keine Universalien, sondern relativ junge Elemente der menschlichen Kultur. Sie sind unter günstigen biologisch-geografischen Bedingungen entwickelt worden.

Weltkultur

Homo erectus war die erste Menschenart, von der Mitglieder etwa vor 2 Millionen Jahre aus Afrika auswanderten. Sie brachten ihre Kultur nach Europa und Asien. Als Gruppen von Homo sapiens ab etwa 200.000 Jahren Afrika verließen, brachten sie menschliche Kultur auf alle Kontinente (Abb. 3).

Da kunstvoll hergestellte Steinwerkzeuge und die Höhlenmalereien, die etwa 40.000 Jahre alt sind, zuerst in Europa entdeckt wurden, nahm man an, dass die Fähigkeiten dazu auch erst in Europa entstanden sind. Inzwischen ist klar, dass dies eine beschränkte Sicht der europäischen Forscher*innen war. In Afrika fand man beispielsweise fein ausgearbeitete Speerspitzen, die etwa 75.000 Jahre alt sind. Und in Australien gibt es Felsenzeichnungen der Aborigines, die genauso alt sind wie die Malereien aus den Höhlen von Frankreich: Statt Bisons, Hirschen und Pferden sind Kängurus dargestellt (Abb. 4).

Ebenso einseitig ist die Annahme, dass die verschiedenen Kulturen des Menschen vor allem durch Abgrenzung gegeneinander entstanden sind und sich durch Isolation erhalten. Vielmehr haben Kulturen des Menschen von Anfang an in Austausch gestanden. Das erkennt man u. a. am Handel mit Materialien über die Kontinente hinweg: Kultur des Menschen ist von Beginn an eine Weltkultur.

Man kann die Vielfalt der menschlichen Kulturen als Facetten der einen menschlichen Kultur betrachten: Kultur ist eine Arteigenschaft der Menschen.

ANSICHTEN UND EINSICHTEN

Kulturentwicklung

Kulturen, die Schrift entwickelt haben, werden als sogenannte Hochkulturen bezeichnet. Manche Menschen nehmen an, dass die Entwicklung der Schriftkulturen mit (genetisch bedingten) höheren geistigen Fähigkeiten der betreffenden Bevölkerungen verknüpft ist.

Man kann jedoch feststellen, dass Schriftkulturen dort entstanden sind, wo es geeignete Kandidaten von Pflanzen und Tieren gab, die domestiziert werden konnten. Kulturpflanzen und Nutztiere waren Voraussetzungen für die Bevölkerungsentwicklung, Arbeitsteilung, Staatenbildung und Entwicklung der Schrift. Ackerbau und Viehzucht waren die Voraussetzung dafür, dass vor etwa 9.000 Jahren Schriftkulturen in Kleinasien, China und Indien sowie mit weniger günstigen Bedingungen etwas später in Mittel- und Südamerika entstanden.

Von Kleinasien breiteten sich Ackerbau und Viehzucht nach Europa aus. Europäer verdanken Kultur und Technik nicht den Genen ihrer Vorfahren, sondern Haustieren und Nutzpflanzen aus Kleinasien.

AUFGABEN

1 Erläutere, inwiefern Kultur zur Eigenart (→ S. 51) des Menschen gehört.

2 Das Wort „Kultur“ stammt sprachlich von „kultivieren“, d. h. „Pflanzen anbauen“. Erkläre den Zusammenhang.

3 Auf S. 49 stehen einige Fragen. Beantworte sie so, dass eine Schülerin oder ein Schüler der 7. Klasse deine Aussagen verstehen kann. Die Informationen dieses Kapitels können dir dabei helfen.

https://www.fr-v.de/522002-k4-s65/

Alles klar?

https://www.fr-v.de/522002-alles-kla

Mit den Aufgaben auf dieser Seite kannst du kontrollieren, ob du Zusammenhänge in der Evolution der Wirbeltiere erfasst. Die Aufgaben beziehen sich jeweils auf mehrere Kapitel des Buches.

1. Definiere den Begriff „Stammesgeschichtliche Verwandtschaft".

2. Beurteile den Satz: „Säugetiere stammen von Reptilien ab." Gib die stammesgeschichtliche Beziehung zwischen Säugetieren und anderen Amniontieren präzise in einem Satz an.

3. Wende den Begriff „letzter gemeinsamer Vorfahr" auf die Verwandtschaft von südamerikanischen Bartvögeln und Tukanen an. Stelle eine Hypothese auf, wie der gemeinsame Vorfahr ausgesehen haben könnte.

4. Erläutere Unterschiede und Gemeinsamkeiten zwischen einem Stammbaum und einem Gabeldiagramm zum letzten gemeinsamen Vorfahren.

5. Begründe, dass bei der Evolution der Pferde und des Menschen gern von Höherentwicklung geredet wird.

6. Beuteltiere kommen in großer Vielfalt in Australien vor. Die Formen haben sich häufig konvergent zu Plazentatieren entwickelt. Erkläre diese Sachverhalte.

7. Erkläre, warum es sich bei Reptilien um eine unvollständige Verwandtschaftsgruppe handelt, bei Krokodilen und Vögeln jedoch um vollständige Verwandtschaftsgruppen.

8. Zwischen Wissenschaftlern gibt es Streit darüber, ob Dinosaurier gleichwarm oder wechselwarm waren. Nenne Argumente, die für eine der beiden Annahmen sprechen.

9. Übereinstimmungen der Lebewesen und die Verbreitung von Verwandtschaftsgruppen werden gern durch gemeinsame Abstammung (Evolution) erklärt. Überlege, ob es noch andere Erklärungen gibt. Beurteile, ob die anderen Erklärungen naturwissenschaftlich geprüft werden können.

10. Ordne die Art des heutigen Menschen absteigend von den Wirbeltieren bis zur Gattung Homo ihren Verwandtschaftsgruppen zu und gib dabei jeweils mindestens ein abgeleitetes Merkmal der jeweiligen Verwandtschaftsgruppen an.

11. Erläutere, inwiefern die Aussage „Der heutige Mensch stammt von einer fossilen Menschenaffenart ab" eine Theorie und eine Tatsache ist.

12. Ein Mitschüler meint, dass die landlebenden Saurier von den wasserlebenden Fischsauriern abstammen. Eine Mitschülerin widerspricht. Nenne Gründe, die für oder gegen eine der beiden Annahmen sprechen.

Glossar

https://www.fr-v.de/522002-glossar/

Die mit Seitenverweisen versehenen Begriffe sind im Text blau markiert. Die hier erläuterten Begriffe stehen im Text kursiv.

abgeleitete Merkmale → S. 35

Adaptation → Anpassung

adaptive Radiation → S. 14

Ähnlichkeitsgruppe → S. 37

Aktualitätsprinzip → S. 5

Amnion heißt die Haut, die in der Embryonalentwicklung der → Amniontiere die → Fruchtblase bildet.

Amniontiere bilden eine → Verwandtschaftsgruppe der Wirbeltiere. Sie bilden in der Embryonalentwicklung eine → Fruchtblase, deren Wand → Amnion heißt, → S. 30.

Amphibien bilden eine Verwandtschaftsgruppe der Wirbeltiere, deren Larven sich im Wasser entwickeln. Der Name heißt so viel wie: „In zwei Lebensräumen lebend." Zu den Amphibien zählen Schwanzlurche (Molche und Salamander) und Froschlurche (Frösche und Kröten). Lange Zeit wurden die Amphibien mit Reptilien zu einer → Ähnlichkeitsgruppe (Kriechtiere) zusammengefasst.

analog → S. 11

Aneignung → S. 8

Angepasstheit → S. 8

Anomalie des Wassers → Dichteanomalie

Anpassung → S. 8

Archaeopterx → S. 40

Art → S. 7

Aufrechtgang → S. 52

Außengruppe → S. 36

Basensequenz. Die Struktur des genetischen Materials, der DNA, besteht aus einer Abfolge von Einzelbausteinen, der sogenannten Basenabfolge oder Basensequenz. Diese Abfolge lässt sich im chemischen Labor ermitteln. Damit können Gemeinsamkeiten und Unterschiede zwischen Individuen und Arten festgestellt werden. Aber mehr noch: Man erkennt durch diese Vergleiche auch, welche Einzelbausteine im Laufe der Evolution ersetzt wurden. Die Anzahl dieser Ersetzungen gibt nicht nur Auskunft über die Nähe der Verwandtschaft an, sondern auch über den Zeitraum, den sie wahrscheinlich benötigt haben. Auf diese Weise erhält man durch den DNA-Vergleich ein → Baumdiagramm mit einer Zeitachse, also einen → Stammbaum.

Baumdiagramm → S. 39

Beuteltiere sind eine Untergruppe der → Säugetiere, deren Angehörige ihre Jungen als Feten gebären und an einer Zitze in ihrem Beutel großziehen. Zu ihnen gehören u.a. Känguru und Koalabär.

biologischer Artbegriff → S. 7

Biomembranen bestehen aus einer doppelten Schicht aus Lipidmolekülen und an- oder eingelagerten Proteinmolekülen. Biomembranen grenzen → Zellen nach außen ab und teilen sie innen in Reaktionsräume.

Chordatiere sind eine → Verwandtschaftsgruppe der vielzelligen Tiere, zu der die Manteltiere (mit Seescheiden und Salpen), die Schädellosen (mit der fossilen Pikaia und dem heutigen Lanzettfischchen) sowie die → Wirbeltiere gehören.

Definition → S. 44

Dichteanomalie des Wassers bezeichnet die ungewöhnliche Erscheinung des Wassers, dessen Dichte ab 4° C nicht weiter zunimmt, sondern abnimmt. Dadurch frieren Gewässer nicht von unten her zu, sondern Eis schwimmt oben als Eisdecke. Am Grund eines genügend tiefen Gewässers, das nicht völlig durchfriert, befindet sich demnach 4°C warmes Wasser.

Dinosaurier sind eine → Verwandtschaftsgruppe der → Sauropsiden. Zu ihr gehören auch die Vögel, → S. 28.

Divergenz → S. 10

Fruchtblase ist das embryonale Organ, das bei → Amniontieren den Embryo umgibt. Sie ist mit Frucht(blasen)wasser gefüllt.

gemeinsamer Vorfahr → letzter gemeinsamer Vorfahr

Gene sind Abschnitte des Erbmaterials, der DNA, die in RNA (z. T. weiter in Proteine) umgesetzt werden. Unterschiedliche Gene unterscheiden sich in der → Basensequenz.

genetischer Code bezeichnet die Regeln, nach denen bei der Synthese von Proteinen in der Zelle (Proteinbiosynthese) die Abfolge von jeweils drei Basen die Anlagerung einer bestimmten Aminosäure an das entstehende Proteinmolekül bestimmen, → Basensequenz.

Gliederfüßer sind eine → Verwandtschaftsgruppe der → Wirbellosen mit Außenskelett aus Chitin. Zu den Gliederfüßern gehören Krebse, Insekten, Hundert- und Tausendfüßer sowie Spinnentiere.

Insekten sind eine Verwandtschaftsgruppe der → Gliederfüßer. Sie gehören mit zu den ersten Tieren, die vom Wasser aus das Land besiedelt haben. Ihre nächsten Verwandten sind eine kleine Gruppe im Grundwasser lebender Krebse.

Kieferlose sind eine → Verwandtschaftsgruppe urtümlicher wasserlebender → Wirbeltiere (Fische), die einen Schädel, aber keine Kiefer besitzen. Zu den heutigen kieferlosen Lebewesen gehören die Neunaugen.

Kiefermünder sind eine → Verwandtschaftsgruppe der → Wirbeltiere, zu denen die Landwirbeltiere (→ Amphibien und → Amniontiere) sowie die → Fische außer den → Kieferlosen gehören.

Kletterfische sind Fische, die sich regelmäßig an Land aufhalten und sogar auf Bäume klettern. Sie gehören zu den Labyrinthfischen. Diese Fische haben ein Atemorgan (Labyrinthorgan), das sie befähigt Luft zu atmen. Die meisten Arten der Labyrinthfische ersticken im Wasser, wenn sie keine Luft schnappen können. So auch der als Aquarienfisch beliebte Großflosser oder Paradiesfisch.

Kloakentiere sind eine → Verwandtschaftsgruppe der → Säugetiere, die Eier legen. Zu ihnen gehören Schnabeltier und Ameisenigel.

Knochenfische sind eine → Gruppe der → Kiefermünder. Unter ihnen sind die modernen Knochenfische als typische Fische bekannt. Zu ihnen gehört die Mehrzahl aller heutigen Fischarten. Die Knochenfische sind als Verwandtschaftsgruppe unvollständig, da die Landwirbeltiere von einer Teilgruppe der Knochenfische abstammen und daher (gegen den Wortsinn) systematisch zu ihnen gehören.

Knorpelfische sind eine sind eine → Verwandtschaftsgruppe der → Kiefermünder. Zu ihnen gehören Haie und Rochen. Sie besitzen keine → Schwimmblase, stattdessen ist ihre Dichte durch das gegenüber Knochen leichtere Knorpelskelett verringert. Ihre Dichte ist jedoch immer noch etwas höher als die des Wasers, weshalb sie ohne Schwimmbewegungen zu Boden sinken.

Lungenfische sind eine unvollständige Verwandtschaftsgruppe der → Knochenfische. Sie gelten als Stammgruppe der Landwirbeltiere, → Amphibien, → Amniontiere.

Menschenaffen sind die → Verwandtschaftsgruppe der → Primaten, zu der auch der Mensch gehört, → S. 54.

morphologischer Artbegriff → S. 7

Mosaikevolution → S. 59

Mutationen heißen Prozesse, die eine Veränderung der → Basenquenz der DNA betreffen. Sie lassen sich auf Ebene der → Gene oder der Chromosomen feststellen und werden entsprechend benannt (Genmutation, Chromosomenmutation).

Namen → S. 44

Naturgeschichte → S. 4

Naturwissenschaft → S. 21

Neandertaler → S. 50

Nische → ökologische Nische

ökologische Nische → S. 9

ökologische Zone → S. 17

Paranthropus → S. 59

Pigmente werden wasserunlösliche Stoffe genannt, die durch Absorption von Licht verschiedener Wellenlänge farbig erscheinen. Das wichtigste Pigment des Menschen (in Haut, Haaren und Iris der Augen) ist Melanin. Es wird in besonderen Organellen, den Melanosomen, gebildet. Je nach Konzentration und Verteilung erscheint es gelblich bis schwarzbraun.

Plazentatiere sind die → Verwandtschaftsgruppe, zu der die Mehrzahl der → Säugetierarten gehört. Wie der Name sagt, wird im Körper des trächtigen Tieres eine Plazenta gebildet, über die der Embryo und später der Fetus ernährt werden.

Population → S. 6

Präadaptation → S. 27

Primaten sind eine Verwandtschaftsgruppe der → Säugetiere. Zu ihnen zählen u. a. die → Menschenaffen, unter ihnen der Mensch.

Proteine (Eiweißstoffe) sind organische Stoffe aus Makromolekülen, die aus der Verknüpfung von hundert bis über tausend Aminosäuren gebildet werden. Ihre Moleküle bilden durch Auffaltung und Zusammenlagerung der Aminosäurenstränge jeweils besondere Strukturen. Proteine haben im Organismus vor allem die Funktion der Steuerung des Stoffwechsels (Enzyme, Proteinhormone) und des Aufbaus von Körpersubstanz (u. a. Muskeln, Bindegewebe, Horn).

Radiation → S. 14

Rasse ist eine überholte Bezeichnung für → die Population einer biologischen → Art, die sich in Merkmalen deutlich von einer anderen Population unterscheidet. Solche Populationen werden in der Zoologie heute Unterarten genannt. Als „Rassen" bezeichnet man nur noch Formen von Haus- und Nutztieren, bei denen bestimmte Merkmale für besondere Zwecke herausgezüchtet wurden (Zuchtrassen). Es ist wegen der genetischen Vielfalt nicht sinnvoll, die Art des heutigen Menschen (Homo sapiens) in „Rassen" zu unterteilen, → S. 63.

Rassismus → S. 63

Religion → S. 21

Retrodikt → S. 5

Säugetiere sind eine → Verwandtschaftsgruppe der → Amniontiere, zu denen außerdem die → Sauropsiden gehören. Untergruppen der Säugetiere sind → Plazentatiere, → Beuteltiere und → Kloakentiere.

Saurier nennt man die fossilen Arten der → Sauropsiden mit Ausnahme der Vögel. Zu den Sauriern zählen Fischsaurier, Flugsaurier und Dinosaurier (mit Ausnahme der Vögel). Saurier sind eine → Ähnlichkeitsgruppe.

Sauropsiden sind eine → Verwandtschaftsgruppe der → Amniontiere, zu denen als weitere Gruppe die → Säugetiere gehören. Zu den Sauropsiden zählen unter den heutigen Lebewesen die Verwandtschaftsgruppen der Schildkröten, Schuppenechsen, Krokodile und Vögel.

Schöpfungswissenschaft → S. 21

Schwimmblase → S. 31

Selektion ist der Prozess, in dem in einer → Population Individuen, die in der gegebenen Umwelt vorteilhafte Merkmale haben, häufiger zur Fortpflanzung kommen und dementsprechend mehr Nachkommen haben als andere.

Sonderstellung → S. 51

Stammbaum → S. 38

stammesgeschichtliche Verwandtschaft → S. 34

Symbiose nennt man die enge Partnerschaft zwischen zwei oder mehreren Arten. Die ursprüngliche Definition umfasst sowohl abträgliche (wie Parasitismus) wie auch förderliche Partnerschaften. In Deutschland werden mit Symbiose meist nur Partnerschaften bezeichnet, die für beide (bzw. alle) Partner förderlich sind.

Systematik → S. 36

Tatsache → S. 5

Tertiär wird traditionell die erste Epoche der Erdneuzeit bezeichnet, die das jüngste → Erdzeitalter ist. Die Erdneuzeit wird offiziell statt in Tertiär und Quartär in Paläogen und Neogen aufgeteilt. Das Wort Tertiär wird aber in Lehrbüchern weiterhin benutzt.

Theorie → S. 5f.

Tradition → S. 64

Umwelt → S. 8

Universalien → S. 64

ursprüngliche Merkmale → S. 35

Varianten → S. 6

Variation → S. 6

Verwandtschaft → S. 34

Verwandtschaftsgruppe → S. 36

Vögel → S. 29

Vorfahr → letzter gemeinsamer Vorfahr

Wale → S. 42

wechselwarm → S. 12

Wirbellose nennt man alle Tiere außer den → Wirbeltieren. Wirbellose umfassen viele Stammeslinien. Sie sind eine → Ähnlichkeitsgruppe, die durch ein negatives Merkmal (keine Wirbelsäule) gekennzeichnet ist. Zu den Wirbellosen gehören z. B. Würmer, Mollusken und → Gliederfüßer.

Wirbeltiere sind die → Verwandtschaftsgruppe der Tiere, die ein Knochen- oder Knorpelskelett besitzen. Sie heißen auch Schädeltiere. Zu ihnen gehören die → Kieferlosen und die → Kiefermünder. Wirbeltiere bilden die größte Untergruppe der → Chordatiere.

Zellen sind die kleinsten Einheiten der Lebewesen, die die Kennzeichen des Lebendigen zeigen. Lebewesen sind aus Zellen und Zellprodukten aufgebaut. Zellen entstehen nicht neu, sondern immer nur aus Zellen durch Zellteilung.

Wie du mit diesem Buch arbeiten kannst.

Die Bücher der Reihe *Neue Wege in die Biologie* sollen dazu dienen, besonders schwierige Themen des Biologieunterrichts sinnvoll zu lernen. Im Biologieschulbuch und im Unterricht werden häufig mehr Details und umfangreichere Inhalte mitgeteilt, als du hier findest. Stattdessen legen wir Wert auf Prinzipien und prägnante Zusammenhänge. Wenn du Strukturen und Prozesse verstehst, wirst du auch Einzelheiten besser einordnen und leichter lernen können als zuvor.
Wir möchten, dass du die Inhalte nicht für den nächsten Test auswendig lernst, sondern sie verstehst.

Für diesen Zweck ist jedes Buch dieser Reihe wie folgt aufgebaut:

- **Kapiteleinstieg:** Jedes Kapitel beginnt mit einer Doppelseite, auf der links themenrelevante Bilder und rechts wichtige Fragen aufgelistet sind, die vor allem Alltagserfahrungen oder auch nicht geklärte Informationen aus Unterricht und Medien ansprechen. Nach dem Durcharbeiten des Kapitels solltest du diese Fragen einer jüngeren Schülerin oder einem jüngeren Schüler verständlich beantworten können. Erst wenn man etwas einfach erklären kann, hat man es richtig verstanden!
- **Kernaussage:** Über den folgenden Doppelseiten steht ein Satz als Überschrift, der die zentrale Aussage der Doppelseite vermittelt. Du kannst beim Durcharbeiten der Seiten jeweils für dich prüfen, was die einzelnen Absätze zu dieser Kernaussage beitragen.
- **Text:** Die Texte der Seiten sind so gegliedert, dass sie die Übersicht und das Weiterdenken zum Thema erleichtern. Durch Seitenverweise wirst du auf weiterführende Informationen hingewiesen. Die zweite Doppelseite eines jeden Kapitels gibt dir mit den Fragen der Unterüberschriften und den zahlreichen Seitenverweisen eine Einführung in das Kapitelthema.
- **Kästen:** In der Buchreihe *Neue Wege in die Biologie* können einige Begriffe und Fachwörter vielfach von denen in Schulbüchern abweichen. Diese Abweichungen sollen das Lernen erleichtern, indem sie zutreffende fachliche Vorstellungen deutlicher vermitteln, als das sonst der Fall ist.
  Um Abweichungen zu verdeutlichen und einsehbar zu machen, dienen zwei Sorten von Kästen:
  In den Kästen **Wörter** und **Begriffe** werden meistens mehrere Fachwörter für denselben Sachverhalt behandelt und dabei solche Wörter herausgestellt, die den Sachverhalt möglichst zutreffend angeben und damit das Lernen erleichtern. Die anderen aufgeführten Fachwörter werden oft in Schulbüchern verwendet. Hier wird geklärt, wie sie fachlich richtig zu verstehen sind.
  In den Kästen **Ansichten und Einsichten** werden verbreitete (häufig nur halbwegs oder nicht zutreffende) Ansichten zu einem Sachverhalt aufgegriffen und gezeigt, was fachlich damit gemeint ist. Zuweilen wird eine ältere Ansicht neuen Einsichten gegenübergestellt.
- **Aufgaben:** Die Aufgaben auf den Seiten sind so gestellt, dass du mit ihnen dein Verständnis über den Inhalt der Seiten überprüfen kannst. Am Ende des Buches findest du mit der Überschrift „Alles klar?" Aufgaben, die die Kapitel übergreifen. Mit diesen kannst du überprüfen, ob du Zusammenhänge zutreffend erfasst.
- Mit den QR-Codes kannst du die vorgeschlagenen Lösungen abrufen.
- **Glossar:** Das Glossar am Schluss des Buches hilft, Definitionen und Umschreibungen von Begriffen im Buch wiederzufinden. Es ersetzt so ein Stichwortverzeichnis. Einige Begriffe, deren Definitionen im Kapiteltext zu weit vom Gedankengang wegführen würden, sind im Glossar definiert oder umschrieben. Das Glossar wird durch Folgebände der Reihe fortlaufend erweitert und digital mit dem QR-Code bereitgestellt.

Nicht zuletzt möchten wir, dass durch *Neue Wege in die Biologie* das Lernen der Biologie Freude bereitet: Wenn du nach dem Überwinden mancher Schwierigkeit zu erhellenden Einsichten kommst, wirst du dies erfahren! Zuweilen wirst du deine Lehrerin oder deinen Lehrer mit den gewonnenen Einsichten sogar überraschen können.

Bildnachweise

Grafiken:
S. 5, 12–14, 20, 26–28, 31, 34-36, 38, 39, 42, 59–65: © Friedrich Verlag
S. 6, 7, 10–12, 21, 24, 28, 40, 43, 46, 50, 52, 53, 58: © Sabine Meyer-Marc
S. 54, 56: © Erhard Poßin
S. 54, 55: © 1994/Ingrid Hecht (Stammbäume)
S. 57, 58: @ Georg Schibalski (Schädel)

Bilder:
S. 2: © Paul Maguire/stock.adobe.com (fossiler Fisch), © Simon J. Beer/Shutterstock.com (Erdschichten), © Travelshots/ Alamy Stock Foto (Saurierskelett), © Rudmer Zwerve/Shutterstock.com (Spitzmaus), © Marcel van Os/Shutterstock.com (Specht)
S. 4: © David Keith Jones/Alamy Stock Foto (Spuren Frühmensch), © Natural History Museum, London /Alamy Stock Fotos (Fischsaurier)
S. 8: © Harry/stock.adobe.com (Schwarzspecht), © CezaryKorkosz/Shutterstock.com (Hohltaube)
S. 9: © YK /stock.adobe.com (Grünspecht), © Harry/stock.adobe.com (Schwarzspecht), © Friedrich Verlag (Grafik)
S. 14: @ Ernst KlettVerlag GmbH (aus Natura Oberstufe Grundausgabe, S. 450)
S. 15: © Miglena Pencheva/Shutterstock.com (Landschildkröte), © Dennis Jacobsen /Shutterstock.com (Sumpfschildkröte), © Dorling Kindersley ltd/Alamy Stock Foto (Weichschildkröte), © Sista Vongjintanaruk/Shutterstock.com (Geierschildkröte), © Karol Kozlowski/Shutterstock.com (Riesenschildkröte), © Vladimir Wrangel/Shutterstock.com (Seeschildkröte)
S. 16, 17: © Brigitte Karnath
S. 19: © Mariona Zeich, Bremen
S. 20: © Ulrich Kattmann (Schöpfungstage)
S. 22: © javarman/stock.adobe.com (Wal), © Munfarid/Shutterstock.com (Schlammspringer), © Catmando/Shutterstock.com (Quastenflosser), © SchottiU/Shutterstock.com (Karpfen)
S. 23: Illustrationen: Freepik from www.flaticon.com
S. 25: © Angelika Bentin/stock.adobe.com
S. 30: © Bildagentur Zoonar GmbH/Shutterstock.com (Seeschildkröte), © picture-alliance/ REUTERS/ A.Clark (Walgeburt)
S. 32: © filtv /stock.adobe.com (Tyrannosaurus), © John Carnemolla/Shutterstock.com(Schnabeltier), © MikhailSh/ Shutterstock.com (Archaeopteryx-Platte), © tbkmedia.de/Alamy Stock Foto (Urpferdchen); Leguan: © Ulrich Kattmann
S. 33: Illustrationen: Freepik from www.flaticon.com
S. 34: © gudkovandrey/stock.adobe.com (Eisbär), © siete_vidas1/stock.adobe.com (Braunbär)
S. 35: © Ute Bradter/Alamy Stock Foto (Afrikanischer Bartvogel), © Neil Bowman/Alamy Stock Foto (Amerikanischer Bartvogel), © Picture Partners/Alamy Stock Foto (Tukan)
S. 37: © Universal Images Group North America LLC/Alamy Stock Foto (Neunauge), ©picturepartners/Shutterstock.com (Flussaal), Grauhörnchen: © Ulrich Kattmann
S. 41: © Catmando/stock.adobe.com (Archaeopterxy), © Marek R. Swadzba/stock.adobe.com (Feuersalamander), © NHM-Wien/Schumacher (Deinonychus), © Ulrich Kattmann (Zauneidechse)
S. 43: © Michael Rosskothen/stock.adobe.com
S. 44: © Tory Kallman/Shutterstock.com (Delfin), © Wolfgang/stock.adobe.com (Blindschleiche), Rotkehlchen: © Ulrich Kattmann
S. 45: © Branislav Nenin/shutterstock (Mensch), © Audrey Snider-Bell/shutterstock (Krokodil), Schnecke: © Ulrich Kattmann
S. 47: © Darren Foard/shutterstock.com (Afrikanischer Elefant), © Martin Harvey/Alamy Stock Foto (Erdferkel), © All Canada Photos/ Alamy Stock Foto (Seekuh), © Arco Images GmbH/Alamy Stock Foto (Elefantenspitzmaus), Klippschliefer: © Ulrich Kattmann
S. 48: © Rawpixel.com/stock.adobe.com (Lucy), © Neanderthal Museum (Neandertaler mit Mädchen), © Kitch Bain/stock.adobe.com (Schimpanse), Orang-Utan: © Ulrich Kattmann
S. 49: Illustrationen: Freepik from www.flaticon.com
S. 51: © Granger Historical Picture Archive/Alamy Stock Foto (Neandertaler), © Neanderthal Museum (Figur im Neandertalmuseum Düsseldorf), © Nicolas Primola/shutterstock (Rekonstruktion)
S. 52: © igradesign/stock.adobe.com
S. 53: © Dave Marsden/Alamy Stock Foto
S. 56: © Sabena Jane Blackbird/Alamy Stock Foto (2a, b), © Dorling Kindersley ltd/Alamy Stock Foto (2c)
S. 60: © cheekylorns/stock.adobe.com
S. 62: © Ulrich Kattmann/Sylvia Kirchengast
S. 64: © Steve Bloom Images/Alamy Stock Foto
S. 65: © picture alliance/Mary Evans Picture Library
Illustrationen Umschlag: Freepik from www.flaticon.com